德國幼兒園的玩具・極簡運動

買得多不如選得巧！
玩具愈簡單，愈能玩出無限創造力！

英國教育學碩士、15年幼兒園教師經驗（台灣7年+德國8年）
莊琳君——著

野人家 215

德國幼兒園的玩具極簡運動

買得多不如選得巧！
玩具愈簡單，愈能玩出無限創造力！

作　　者　莊琳君

野人文化股份有限公司
社　　長　張瑩瑩
總 編 輯　蔡麗真
副 主 編　陳瑾璇
責任編輯　陳韻竹
專業校對　林昌榮
內頁插圖　拉她
行銷企畫　林麗紅
封面設計　周家瑤
內頁排版　洪素貞
行銷企劃經理　林麗紅
行銷企劃　蔡逸萱、李映柔

讀書共和國出版集團
社　　長　郭重興
發行人兼出版總監　曾大福
業務平臺總經理　李雪麗
業務平臺副總經理　李復民
實體通路組　林詩富、陳志峰、郭文弘、吳眉姍
網路暨海外通路組　張鑫峰、林裴瑤、王文賓、范光杰
特販通路組　陳綺瑩、郭文龍
電子商務組　黃詩芸、李冠穎、林雅卿、高崇哲
專案企劃組　蔡孟庭、盤惟心、張釋云
閱讀社群組　黃志堅、羅文浩、盧煒婷
版 權 部　黃知涵
印 務 部　江域平、黃禮賢、林文義、李孟儒
出　　版　野人文化股份有限公司
發　　行　遠足文化事業股份有限公司
　地址：231 新北市新店區民權路 108-2 號 9 樓
　電話：（02）2218-1417　傳真：（02）8667-1065
　電子信箱：service@bookrep.com.tw
　網址：www.bookrep.com.tw
　郵撥帳號：19504465 遠足文化事業股份有限公司
　客服專線：0800-221-029
法律顧問　華洋法律事務所　蘇文生律師
印　　製　博客斯彩藝有限公司
初版首刷　2022 年 02 月

ISBN 978-986-384-617-8（平裝）
ISBN 978-986-384-621-5（PDF）
ISBN 978-986-384-623-9（EPUB）

國家圖書館出版品預行編目（CIP）資料

德國幼兒園的玩具極簡運動：買得多不如選得巧！玩具愈簡單，愈能玩出無限創造力 / 莊琳君作 . -- 初版 . -- 新北市 : 野人文化股份有限公司出版 : 遠足文化事業股份有限公司發行 , 2022.02
面；　公分 . -- (野人家 ; 215)
ISBN 978-986-384-617-8（平裝）

1. 教育 2. 幼稚園 3. 德國

520.943　　110017546

野人文化官方網頁　野人文化讀者回函

德國幼兒園的玩具極簡運動

線上讀者回函專用 QR CODE，你的寶貴意見，將是我們進步的最大動力。

作者序

用少量玩具深化玩樂的內功，鍾鍊不怕逆境的生命韌性

我有一個非常快樂的童年。每次回台，偶爾與兒時好友或家裡手足聊天回憶起當時，大夥總是笑得肚子疼。那些令人一再回想的美好往事，從來不是因為我們當時擁有了什麼，而是因為那之間的笑語、歡呼，再加上一些些的傻裡傻氣。

小時候我不常跟同學出去玩，因為家有四個兄弟姊妹就足夠熱鬧。我們四人一玩起來瘋點子無極限：不管是把家裡全數玩具搬到公寓大門，再從門口一個個沿著階梯擺放到五樓天台；或是跟哥哥姊姊一起剪了幾個小時的色紙，然後在一個大好的晴天裡，往下拋撒著五彩紙花……這些讓鄰居阿姨氣得向媽媽舉報的種種淘氣行徑，總得在事後將自己的玩樂「成果」整理清掃一番，等到好不容易將一切淨空、恢復原狀後，心裡湧上許多歡樂的小小喧囂，久久不散。

Have fun!「玩得快樂」往往就是生活中最真切的收穫，這是一個我們很常忘

記的真理。大人常常告訴孩子「努力才會成功」，雖然不可否認，很多事確實需要一試再試的堅持與努力才會有成果。然而，我認識許多人，他們之所以能夠持之以恆地往目標邁進，不見得是被彩球裡的最大賞所吸引著，而是因為本身的求知渴望推動他們去付諸行動。這些人大多擁有一種樂於「創新嘗試」的玩樂特質，就像年幼的孩子一樣，看什麼事都覺得新鮮有趣，什麼都想要試一試、玩一玩。**其實，人生許多事若帶一點輕鬆的玩樂態度，反而更容易把事情做好**；就算一次做不好，保持一個平衡健康的心態，也比較能夠理性看到自己的缺失再改進，單是厭棄自己的失敗並不能帶來任何改變。

有些人對於「玩」的誤解不小，認為「玩」就代表不夠認真、不夠用心，但事實上，我們若仔細觀察一個進入「深層玩樂」狀態的孩子，就清楚不能以「不認真」去形容他。因為在這過程中，孩子忙著思考、規畫、做決定、採取行動，東轉西轉地其實忙得很！但若孩子停留在「淺層玩樂」的狀態就止步不前，代表孩子還無法專注投入，無法鍛鍊出「玩樂的內功」，所以家長和老師也必須在孩子身邊細微觀察，並做出適當的調整。

這本書放在我「德國幼兒園三部曲」的最終章，一來是因為如果沒有先以全覽的視野闡述德國幼兒園的治學精神，就直接落筆寫出「無玩具」一書，可能會讓讀者難以理解整體的脈絡與概念。第二個原因是，雖然「無玩具」是德國幼兒園的基本精神之一，但要把一個散亂、混雜，幾乎無秩序規章的教學現場，整理出一個有清楚脈絡的書稿，對我來說是個前所未有的大挑戰，所以我清楚這本書需要我多磨練些時日才能下筆。在此也特別感謝我的編輯韻竹，不厭其煩地與我溝通，讓這本書能夠順利出版。

熟悉我前兩本著作的讀者，或許已經知道德國幼教對於「玩樂」一事的重視。德國孩子是得自己尋找娛樂消遣的，如果孩子不會玩，或是沒有特別要好的玩伴，整天的自由玩樂時間其實也沒有那麼好消磨。反之，**即便孩子非常會玩，但就像陀螺轉得再快也有必須停下來的時刻，孩子也需要練習自己獨處，能夠無所事事的發呆也是種必要的生活本領。**

在德國人的認知中，「獨樂樂」跟「眾樂樂」一樣重要。他們很清楚真正的學習動機必須由內而發，不能由任何人強迫給予。所以，等到孩子們玩出一身本領之後，德國幼教師們又會想升級成玩樂大法2.0，讓孩子習慣了沒有玩具也能玩，或者以逆蓄勢，懂得休息一下再上場。因此，在德國幼兒園的無玩具月，裡面有成團成對滿場轉的孩子群，但也有三三兩兩的孩子，半躺半臥地在沙發區看旁邊水族箱的熱帶魚發呆，他們就這樣靜靜看著好一陣子，彼此之間幾乎沒有交談，那真是個美好的畫面。在這個一切高速運轉的世代，偶爾的靜止和慵懶是難得的奢侈，孩子和我們，其實都需要。

我很難具體地說，經過無玩具月的洗禮，孩子們到底因此學會了什麼，但這段期間，我們的確觀察到孩子身上出現一些明顯的改變。雖然這些改變會維持多久我們不得而知，但我相信每一個改變都可以是一個新的契機，或是一個新的學習養分。孩子在「無玩具」過程中的蛻變，不見得會在短時間內帶來什麼驚人成效，卻極有可能在將來的某一天，積累成一股正向動能，幫助他們在困惑時不輕易被這社會任意加諸的限制所局限，將「玩」的意志徹底貫徹在自己的人生，樂觀積極面對眼前的挑戰。

在德國工作邁入第十年，我發現自己愈來愈樂於做一個難以定義的人，只要我的行為不會給別人帶來任何不便，我願意將這種態度奉為人生下半場的生活哲學。我不得不說，這是德國孩子們送我的大禮，是他們讓我領會不一味遵循公式的人生，才能玩出無限可能。

忘記了怎麼玩沒關係，或許這本書能幫你想起來。

莊琳君

Part 2

Part 4

德國幼兒園的無玩具實況轉播！

Part 1

玩具太多的壞處！

小小孩也需要玩具斷捨離？

玩具愈多，並不代表孩子獲得的愛就愈多，
事實上，過多玩具可能導致孩子成年後的成癮行為。
盡早展開孩子的玩具極簡運動，找回孩子單純的玩心
以及無限創造力！

為什麼孩子需要玩具？

溫暖陪伴與推進學習，是玩具的天職！

不管在哪個世代出生，總有那麼一兩個極為珍視的玩具，與你我的孩提回憶密不可分。

就像《玩具總動員》裡的巴斯光年和胡迪備受主人安迪的寵愛和信賴，每個孩子都有幾個捨不得借給別人玩的心愛玩具。時至今日，我仍然清晰的記得童年時最愛的兩個娃娃，一個叫作玫瑰，另一個我將它取名為小紅。玫瑰是媽媽友人送我的古典洋娃娃，身著細緻蕾絲綴飾的天鵝絨洋裝，還戴著華麗的大禮帽；小紅則是綁著辮子的親切農家少女，一身碎花連身裙。

童年的回憶雖來自零星的拼湊，幾個畫面卻仍深印腦海裡。哥哥姊姊年長我幾歲先去了幼兒園，我和媽媽在家，一個人有大把的空間時間能放空玩耍。記得我最愛做的事之一，就是反坐在沙發椅上，將玫瑰和小紅擺放在我兩側，接著把

電風扇轉過來，想像自己開車載她們去兜風。電風扇的強弱設定，是換檔時的車速快慢，當我將風速轉到最大時，想像力帶著我飛馳在任何想前往的方向。

也許是因為家裡有四個小孩，爸媽多半只會在生日時讓我們自己挑選禮物，不過爸爸交友廣闊，家裡不時高朋滿座，叔叔阿姨每次來訪的禮物驚喜幾乎不曾間斷，因此家裡的玩具還是非常多。然而，四個小孩各自偏愛的玩具卻很不一樣：姊姊的最愛是一隻姓名已不可考的黃色小雞，哥哥的是可變身為直升機的藍色機器人，小妹倒沒有特別喜歡的玩具，她真正從不離身的，是一條橘色毛毯。記得她老是把毛毯的一角捲起來往鼻子蹭，就像聞著令人心神舒暢的精油香氛，對小妹來說，那簡直是條充滿「安全與幸福」之魔毯。

爸媽的強大應援團！心愛玩偶上陣代打，緩和幼兒的焦慮不安

幼兒園時期的孩子需要安全感，而安全感的建立除了必須透過規律的生活作息和明確的常規原則，此外很重要的一點是大人必須回應孩子的情感需求，讓孩子感受到愛與尊重。因此，從嬰兒時期開始，我們會對孩子發出的不同聲音作回

應；在孩子有了語言能力之後，我們藉由頻繁的日常對話來表達關心。但現實中，父母不可能立即回應孩子的所有情感需求，在大人忙得不可開交的時刻，玩具便化身「友善大使」，讓孩子能有個互動說話的對象，甚至能調節焦慮情緒。

在兒童心理學上，將孩子成長過程中對特定物的依附行為稱之為「過渡現象」（transitional phenomena）。不管是小熊玩偶或洋娃娃，孩子大致上在兩歲時會對這些「過渡客體」（transition object）發展出依附關係。這是因為從出生那刻便與母親（主要照顧者）密不可分的孩子，正邁向個體化發展，所以當孩子上幼兒園，或是晚上開始練習獨自就寢的時候，娃娃、小熊、小手巾或小毛毯便可以暫時上場代打父母親的角色，提供孩子所需要的心理支撐。

最近這幾個月，班上陸續有幾個還不滿三歲的孩子家中迎來了新成員，不管是添了個弟弟還是妹妹，家長在新生兒出生前做了多少前置作業，希望幫助孩子培養新生命到來的參與感，但年幼的孩子多半無法完全理解寶寶出生之後帶來的轉變，適應期間帶來的行為退化和情緒起伏之大，讓老師和家長都承受不小的精神壓力。

奈維和費特在一歲時就入園，在長達一個月的新生適應期中，他們是少數一次也沒哭過的孩子，每天都元氣滿滿地跳進幼兒園。但自從兩人一前一後都有了弟弟之後，卻一反常態的整日哭著找媽媽。兩歲五個月的奈維會說「媽媽和baby在家，我要回家」；而剛滿兩歲的費特只要看見窗外有推著嬰兒車的女人經過，都會哭喊著「媽媽！」。

情緒起伏大的哭鬧狀況不只發生在幼兒園，家長反應即使讓孩子待在家，也同樣情緒化且變得分外黏人，心力交瘁的家長只能硬著頭皮將孩子交給老師，希望藉幼兒園的日常活動來轉移他們的注意力，減低孩子的困惑和不安感。

其實寶寶剛出生的頭幾天，兩個孩子的表現並無異狀，但過了幾個禮拜，奈維和費特開始出現不定時的哭聲轟炸，偶爾哭累睡著了，醒來又是一陣心碎與不解的哭泣，讓每個幼教師聽了都於心不忍。幼教師們明白這是常見的過渡現象，因為手足之情和與生俱來的親情不同，它是需要時間培養的，不是所有孩子都能在短時間裡與剛出生的弟弟或妹妹擁有情感上的連結。特別是對三歲以下的孩子來說，整個世界是圍繞著父母轉的，現在他的世界出現變動，甚或有失衡的狀況，他怎麼能不激動？

在這個階段，大人如何同理孩子情緒並持續給予關注非常重要，一向奉行教養鐵則的德國幼教師們，此時也會很有共識的以「安撫孩子情緒」為最高原則，只要能派上用場的方法，幾乎一概破例採用。

那天下午，孩子剛剛午睡完，幾位固定在午休後來接小孩的家長陸續到達園所。奈維和費特眼巴巴望向門口，只要一有家長出現，定眼一瞧發現不是自己的爸爸媽媽，情緒又起波瀾，一秒放聲大哭。兩人加乘的哭聲分貝已經高到老師們無法正常對話，我只好一手牽起奈維、一手抱起費特，跟德國幼教師艾拉使個眼色，把他們帶去園所裡的沙發區，坐在一旁陪著他們。

奈維哭到一半，突然跟我要午休時他習慣蹭聞的小泰迪熊，聽到孩子這樣說，我只能怪自己反應太慢。唱歌、餵金魚、言語和擁抱的安撫他都沒興趣，或是玩水、玩沙也提不起興致參與，整日不時哭鬧的奈維，此時最需要的支持夥伴，其實是午休陪著他入眠的小熊。

我馬上應聲說好，順口問了還在抽泣的費特要不要一起去拿他的小青蛙，慶幸的是孩子也接受提議。安撫玩具一到手，又聞又抱的幾分鐘內，總算暫時止住孩子們的眼淚奔流。之後，每當費特和奈維開始哭鬧要找爸爸媽媽時，我們就會問孩子需不需要他們的安撫玩偶或毯子等小物。通常孩子心愛的貼身玩具一到手，情緒就會慢慢緩和下來，就算偶爾還是會哭，相較之下強度也已減弱許多。

開會時，我們也針對兩位孩子的狀況提出討論。我們猜想可能是孩子也習慣了只在午休時間使用安撫玩具，過往也從未在非午休時間說要拿他們私人玩具來玩，所以老師一時之間也沒有想到可以用玩具平復他們的情緒。年紀稍大費特幾個月的奈維，一直就是個點子王，是班上十足的領頭羊，也有很好的自我舒緩能力，所以之前當他試著跟其他老師要奶嘴時，我們一致認為沒必要為了一秒停哭的妙效，讓已經完成奶嘴戒斷訓練的奈維之後再經歷同樣的痛苦，因此拒絕他。好在孩子傷心時不只光是懂得哭而已，也會以有限的言語讓偶爾遲鈍的老師們知道：除了奶嘴，還有玩具可以撫慰他們不安的心靈。

嬰兒娃娃照顧遊戲，讓孩子學會如何當哥哥、姊姊

表面上，孩子們的情緒警報看似暫時解除，但家長告知孩子在家的哭鬧行為仍持續上演，甚至更加惡化。特別是兩歲的費特，幾次拿著玩具車就想往寶寶頭

上駛去，爸媽一陣驚嚇出聲喝止後，竟出現搓捏、甚至咬寶寶臉頰的舉動。家長固然清楚孩子沒有惡意，只是不知道如何與寶寶相處，會因好奇而有類攻擊性的行為發生，但是父母卻也因此更不敢讓孩子近距離接觸寶寶。兩難的是，孩子其實需要頻繁觀察父母如何照顧寶寶，才能透過模仿來練習如何正確地與寶寶互動。

老師們討論後，決定藉由照顧嬰兒娃娃來降低孩子與新生兒的生疏感。請校方添購幾個新的嬰兒娃娃和相關玩具用品，希望讓原本不那麼熱衷玩嬰兒娃娃的孩子能因為新鮮感而被吸引。

新衣物、嬰兒床和嬰兒推車這類新玩具一上架，果不其然就引起幾乎所有孩子的注意，其中也包括了費特和奈維。看到他們倆推著嬰兒車到處晃，老師們也不時想些新點子來提高孩子的參與意願，例如幫嬰兒娃娃洗泡泡浴就是一個很好的練習方式。泡泡加上水，有了這兩樣孩子最愛的玩樂元素，幫娃娃洗澡馬上就成為孩子最躍躍欲試的活動。

考慮到幼兒園的浴室空間，這個活動有人數限制，一次只能四個孩子參與，老師先把大毛巾鋪在浴室地板上避免打滑，請孩子們各自帶著自己的嬰兒娃娃進來。德國老師米拉在澡盆裡放滿水，提醒孩子用手試試水溫是否太燙或太冷（大人請務必先確認水溫不至於過高）。接著請孩子幫娃娃脫掉衣物，過程中語氣溫和地重複強調：「請輕輕地幫寶寶把衣服脫掉。」

用魔鬼氈黏著的衣物一拉就脫掉了，但有些娃娃穿著有壓釦的上衣，幼齡孩子得費點勁才能打開。褪去寶寶們的衣物後，老師將寶寶沐浴乳倒進確認過水溫的洗澡水裡，請孩子一起用手搓出泡泡。可想而知，過程中最主要的目的當然不是要教會幼齡孩子幫弟弟妹妹洗澡，而是創造一個愉悅的學習環境，讓孩子有機會去模擬與寶寶相處時要特別留意的事項。照顧嬰兒娃娃的過程中，孩子們對於**自己身為「大哥哥」、「大姊姊」的意識會逐漸發酵，學習去同理與愛。**

別忘了這些孩子雖然晉升為「哥哥姊姊」，但說到底他們也只不過是大一點的寶寶。孩子哭泣焦慮，是因為感到不安，此時我們需引導孩子找到他們各自專屬的安全感——可能是一條毯子、一隻泰迪熊甚或是一首旋律，讓孩子心中的焦慮找到可以緊急迫降的地方。

嬰兒娃娃是孩子們最好的啟蒙教師

德國幼兒園裡，孩子們專屬的沙發區常是許多孩子在需要安靜歇息，或者心情不甚美麗時的一個心靈避難所。偶爾有幾個孩子想要我唸故事書時，我也會帶他們來沙發區，一起躺靠在大抱枕上看書。不過，在嚴格規定「玩具止步」的沙發區中，有一種玩具能破例進入，那就是嬰兒娃娃。嬰兒娃娃的功能遠不止於陪伴，它其實提供三歲以下的孩子不同方面的學習：

❶ 認知能力

透過日常觀察，孩子一抱起娃娃，大腦就會主動連結一些與娃娃相關的動作，譬如模仿大人抱起娃娃搖晃、遞奶嘴或拿玩具奶瓶餵寶寶、幫娃娃換尿布、寶寶睡著了就幫它蓋被子等等。此外，挑選嬰兒娃娃衣物的過程中，也會慢慢理解大小的概念，以及鞋子襪子如何配成雙等等。

沒有生命的玩具，在每個愛玩的孩子心底，
其實都是一個個不可或缺的溫暖存在。
在很多大人無法觸及孩子內心失落的時刻，是它們抹去了孩子的眼淚，
讓他們生出勇氣，向未知的世界踏出最困難的第一步。

❷ 語言能力

孩子與娃娃互動時候所用的字彙，常遠比他們跟同齡孩子玩耍時要來得更多更廣。娃娃的身體部位、種類繁多的衣物配件，還有與物品相關的各種動作……在孩子延伸的想像情境下，能被自然引導說出平日不太有機會使用的字句。

記得某次，班上的寶拉帶著嬰兒娃娃到沙發區去玩，隨即又在沙發區左側的書架上拿了幾本故事書，才兩歲半的她把娃娃抱在懷裡，打開書開始「看圖說故事」給嬰兒娃娃聽。故事情節雖然湊不完整，但她卻不費力地邊翻頁邊說出幾個句子來，故事讀完後，還懂得要補上一句「結束了」（Zu Ende／The End），真的非常可愛，而且能感受到孩子的表達能力明顯進步。

❸ 情緒同理能力

嬰兒娃娃提供的另一個非常重要的學習面向，就是讓孩子去試想他人可能的需求。像是娃娃會餓要餵奶，娃娃會冷要幫它穿上外套，娃娃在哭鬧所以需要大人哄抱……孩子在玩嬰兒娃娃時，一部分也在理解自己生活上的情緒體驗，這對培養孩子同理能力的幫助不小。

❹當哥哥姊姊的見習體驗

雖然孩子可以在弟弟妹妹出生前後，透過玩嬰兒娃娃來練習如何以輕柔溫和的方式與寶寶互動，**但這很難改變與爸媽相處時間被瓜分的事實，此時孩子若不排斥，可以邀請孩子照顧自己的嬰兒娃娃，來營造「共同參與」的氛圍**，例如爸媽幫弟弟妹妹換尿布時，除了讓孩子在一旁觀察，也能遞給孩子一片尿布，問他要不要也試著幫嬰兒娃娃換尿布，讓孩子慢慢接受家中新成員帶來的改變。

沒有生命的玩具，在每個愛玩的孩子心底，其實都是一個個不可或缺的溫暖存在。在很多大人無法觸及孩子內心失落的時刻，是它們抹去了孩子的眼淚，讓他們生出勇氣，向未知的世界踏出最困難的第一步。

成癮注意！失控的節日禮物清單

想要就買的消費文化，易養成永不滿足的孩子

一年到頭，德國各大假期喧鬧不息地輪番登場，不論是復活節、萬聖節、聖誕節，德國超市和商店無一不以最高規格對待，店員精心布置、業主猛下廣告，雙管齊下來刺激買氣。以復活節而言，隨處可見超市裡面堆成高塔的巧克力兔，以及各式兔子玩偶排好陣仗等著人群採買。每年復活節假期前夕的最後一個上班日，我都會收到家長、老闆和同事們的小小心意，下班後手提袋裡裝了至少十來隻的巧克力兔子回家。小朋友就更不用說了，雖然幼兒園貫徹「無糖生活」，不送巧克力糖果給孩子，每個孩子還是不能免俗的收到家裡大人們送的禮物糖果。

節日跟禮物是難以一刀分割的連體嬰，不送禮顯得小氣又不近人情，送太多卻又有浪費之虞。大人看似合情合理的社交禮儀，若以寵愛之名投射在孩子身上，不只讓節日本身的意義失焦，也容易養成孩子一味索求卻不懂珍惜的心態。

生活中名目不一的送禮文化，充斥著各種形式的浪費。寵愛孩子是身為父母的天性使然，在生日或聖誕節送禮給孩子本是傳達父母的心意，**但若長期送禮過多，就如同過度餵食孩子一樣的不健康，因為孩子的腦袋無法接收到自己已經飽足的訊號，無形中會養成「暴飲暴食」的習慣。**送禮也是如此，父母可以寵愛，但無節制的物質寵溺對孩子所造成的負面影響，可不能輕忽。

「聖誕倒數月曆」起源於十九世紀的德國，它有點像台灣的戳戳樂紙盒，月曆上標示著一到二十四號可以戳破的小紙窗，戳破紙窗後就可以拿到裡面的小禮物，不分大人小孩，都對每扇窗後面的驚喜滿懷期待。每年十二月，我工作的德國幼兒園也會自行用牛皮紙袋製作聖誕倒數月曆，然後請每位家長準備一份小禮物送給班上的孩子，我們一班剛好二十四個小孩，從十二月一號開始倒數到二十四號的平安夜，每天都有一個孩子得到一份聖誕驚喜。

人人有獎的倒數月曆，某種程度上也傳達了聖誕節共享共樂的意涵。只是，一旦同樣場景轉移至每個有小孩的德國家庭，卻很容易演變成禮物大轟炸的狀況。孩子從十二月一號開始，連續二十四天，天天都有小禮物可拆；拆到平安夜

那天，再接著拆聖誕樹下由爸爸媽媽、爺爺奶奶、叔叔阿姨們送的成堆禮物。孩子在拆禮物的過程中肯定是開心的，但是對幼兒園學齡的孩子來說，拆完少說數十個禮物之後，快樂的臉孔中也帶著茫然。

無節制的禮物轟炸，是親手為孩子埋下成癮行為的惡之種子

每年聖誕前夕，我和身為長子的先生，還有小姑小叔都會帶著各家的小孩回婆婆家過年，幾年下來也目睹好幾次孩子們拆禮物的瘋狂景象。孩子拆了一個，煞有其事驚呼了一陣，向送禮的家人道了謝，就直嚷著想再拆下一個禮物，快樂的情緒曲線卻未持續高漲。這讓我想到有相關的教育研究指出，大人毫無節制地以送禮來滿足小孩，會對孩子產生負面影響，且延續到孩子成年；那些會索求昂貴且大量禮物的小孩，在長大後比較容易會有不能克制的衝動性消費，或是有沉迷賭博或藥物等成癮行為。

德國幼兒園的「無玩具日」的發起者是史提克（Rainer Strick）和舒伯特（Elke Schubert）這兩位德國巴伐利亞邦的公共衛生研究人員。他們平日的工作是針對成

人不同類型的成癮行為提供專業協助，例如抽菸、過度飲食、購物或是網路成癮症。他們發現，這類成癮行為多半都與案主童年的生活經驗相關。

根據他們的理論，玩具固然能在孩子難過或無聊的時候分散的注意力，暫時緩和其負面情緒，但若不節制地給予使用，孩子就沒有機會從中練習到如何處理當下的壓力和情緒。而大多成癮行為的產生，正是為了逃避現實生活中無法排解的情緒壓力。

換句話說，**「無玩具日運動」**的立意，**是讓孩子正面迎戰無聊的感受或其他負面情緒，不依賴任何外力去紓解，以此深化孩子自給自足的快樂能力，阻斷將來成癮行為的發生機會**。當然，所有成癮行為都不只單一要素組成，但如同前一章所闡述的，只要根據玩具特性適當使用，玩具之於孩子仍是不可或缺的存在。然而，我們在節日歡樂氣氛的催化下，常忘了幫孩子把關，買了一堆廣告裡看起來超級誘人，但拆開後大失所望的玩具，最後的贏家似乎只有玩具商。

©Alex Shultz / flickr

小小孩在拆禮物的過程中肯定是開心的，
但拆了太多禮物後，快樂的臉孔中也帶著茫然。
大人毫無節制地以送禮來滿足小孩，
可能造成孩子對物質依賴、成年後容易出現成癮行為。

德國老師經驗談

0～6歲的四大禮物挑選準則

德國幼兒園在孩子們生日時也會送上禮物。剛開始學校只給我們預算，請負責採購的老師們自行選擇，後來我們覺得送禮也須送得合宜，若統一送給孩子們制式的禮物，似乎沒有真正傳達送禮者的心意。老師們開會討論過後，其中一位美國老師提出了她在網路上找到的點子給大家參考，就是這幾年廣為奉行的「聖誕節送禮四大準則」。

因為聖誕節時有許多家長為了不知如何拿捏送禮數目而感到苦惱，因此有人提出可以不分孩子年紀大小，一律只送四個禮物。四個禮物分別是：

❶孩子想要的禮物（Something they want）

❷孩子需要的禮物（Something they need）

❸穿戴的衣物（Something to wear）

❹書籍（Something to read）

全體幼兒園老師討論過後雖決定採用，但礙於預算，我們會依照孩子的年紀給予一件相對合適的禮物，而不是四個禮物一次送好送滿。例如，剛進園一到兩歲的孩子，生日禮物可能是一件寫有逗趣標語的連身衣；到了兩三歲，我們就會送孩子想要的禮物，可以是木製小汽車，或是會噴水的沐浴用小鴨玩偶。中班以上四歲到五歲的孩子，他們開始需要一些文具用品，所以蠟筆、小畫冊這類文具就可以成為這時候的禮物選項。到了五到六歲的大班階段，我們則送小讀本或故事書作為生日禮物。

十二月聖誕月曆的活動更多了些驚喜感，我們讓每位家長抽籤，抽到哪一個小朋友就幫他或她挑選一樣小禮物，金額通常在十五到二十歐元左右。每當家長來詢問禮物的點子，我們都會根據孩子年紀、成長需求和個別興趣，來給予一些建議，就像本篇最後面根據孩子年齡所列舉的禮物推薦清單。

幼兒園送禮四大準則開始實施後，偶然間我跟在德國小學任教的小姑提出同樣的建議，她一聽也點頭表示認同。她直嚷著從聖誕倒數月曆到聖誕節，禮物攻勢從未間斷，就算我們都會事先詢問彼此的禮物清單，但是還有寵孫無極限的爺爺奶奶外公外婆，所以每年的聖誕禮物數量總是爆表。過沒幾天，三歲的保羅根本搞不清楚誰送了什麼禮物，拆開的玩具散了一地，而爺爺奶奶下重本送的酷炫火車組合雖然能在夜間發光還自帶音效，但組裝完畢後才沒幾個禮拜，孩子就玩倦了。

以心理層面來看，送禮行為的好壞，在某種程度上也形塑了孩子自我價值的建立方式。有些家長時常應孩子要求買了最新款的玩具、新型手機或是潮牌服飾球鞋，**然而這些時下正流行的商品雖然能為孩子帶來短暫的外在肯定，讓孩子覺得自己備受他人矚目而開心自豪，殊不知這樣建立的自我價值是非常短暫的。隨著更新品上市，孩子快速建立的自我價值就會跌落至低點**，直到他們再度擁有最新的「夢幻逸品」，自我價值的曲線才會再度上揚。

也就是說，物質化的寵溺方式，會使孩子把自我形象建立在浮動的根基上。相對的，若是禮物送得好，滿足的便是孩子的愛好，而非物質上的欲望。如此一來物質化的枷鎖就無法禁錮孩子，他們甚至能因為一個好的禮物而重建低落的自我評價。

因此，若孩子對運動、繪畫或是音樂等領域有高度興趣，只要這份禮物能持續激發孩子學習上的熱情，而不是一天短暫的歡樂火花，家長就可以放心將它列

入禮物的備選清單中。甚至，家長也能夠以一份有巧思的禮物，來鼓勵孩子培養興趣。

去年的聖誕節前夕，我和德國家人討論著送給孩子們的禮物清單，對於已經邁入前青春期的十二歲姪子，我們得到兩則禮物情報：第一個選項是號稱街頭第一王者的潮牌球鞋，第二個選項則是直排輪鞋，兩樣禮物的價錢相差不大，但我幾乎毫不考慮就選擇了直排輪鞋，並當場向家人說了一則小故事：

大一新生期間選擇社團時，我看到在操場摔了又摔的直排輪社團成員，於是跟兩個朋友一起報了名。週末媽媽帶我去選購直排輪鞋時，基於安全與防護性能，她買了當時要價近五千塊的鞋款給我，隔天我滿心歡喜地穿去社團練習時，其中一個朋友隨口問了價錢。我記得很清楚，她聽到價錢後大吃一驚地說：「妳買了一雙這麼貴的鞋來摔太不值了吧？妳買一雙名牌球鞋大家還多少懂得行情，但是直排輪鞋再貴也不會有人看得出來。」

我只回了一句：「為什麼非要人看得出來？」

我對她的質疑感到難以置信，比起人們的注視眼光，那雙直排輪鞋能給予我四年的快樂社團時光，對我來說更有意義。

說完小故事，德國家人紛紛點頭，表示認同我的選擇。回家的路上，先生逗趣地問：「妳哪來這麼多小故事可以說？」

「因為我收過很多很棒的禮物，每個好禮物都可以帶來一個好故事。」我笑答。

0~2 歲孩子 玩具挑選指南

柔軟溫暖的陪伴物品

孩子想要的禮物：

陪睡的小絨毛玩具、可捏可咬的軟布球，或是木製的拖拉玩具。

孩子需要的禮物：

方便隨身攜帶的輕柔毛毯、固齒器、幼兒學習水杯。

穿戴的衣物：

幼兒止滑襪、口水巾、圍兜等日用品。

書籍：

舉凡動物圖鑑、《*First 100 Words*》這類針對生活日常用品的寫實圖像書，皆是這時期幼兒比較適合的讀物。

2～3 歲孩子 玩具挑選指南

建立生活自理能力、鞏固語言發展

孩子想要的禮物：

嬰兒玩偶、主題式的手抓木製拼圖。

孩子需要的禮物：

兒童餐具組合、專供幼兒如廁訓練使用的可愛馬桶墊圈，都是孩子早期發展生活自理能力的好幫手！

穿戴的衣物：

防水防汙的長袖畫畫衣，非常適合送給此時愛塗鴉、自由揮灑各式顏料的孩子們。

書籍：

這一階段是孩子語言發展最快速的時期，因此富有韻律感的故事文體很受孩子喜愛。著名英文幼兒讀物如《棕色的熊、棕色的熊，你在看什麼》（*Brown Bear, Brown Bear, What Do You See*）或《我們要去捉狗熊》（*We're Going On a Bear Hunt*）都是孩子們認證過百讀不厭的經典讀本。

3～4 歲孩子 玩具挑選指南

做好戶外探險的萬全準備！

孩子想要的禮物：

樂高玩具、可供組裝的木製火車軌道或積木、各式汽車組合等等。

孩子需要的禮物：

外出專用水壺、餐盒、後背包，都是幼兒園遠足郊遊時的必備物品。

穿戴的衣物：

針對不同天氣外出時使用的毛帽或遮陽帽、連身的吊帶雨褲，讓活動力爆表的孩子能風雨無阻地外出遊玩。

書籍：

家長或老師這時候可以開始購入情節發展性強的有趣繪本，因為四歲以上的孩子已經可以充分理解故事內容。

推薦英國歷年不衰的熱門童書《古飛樂》（*The Gruffalo*），這是一本情節詼諧且富有新意的寓言故事書。因為孩子聽到這個故事時反應特別熱烈，所以我們幼兒園四個分校都有購入此書。

5～6 歲孩子

玩具挑選指南

讓孩子學習團隊合作，從故事汲取勇氣

孩子想要的禮物：

此時孩子的喜好可能與大人的實際購買意願背道而馳，所以家長可以考慮以團隊協作或DIY手作取向的禮物，這些都是符合此年紀學習需求的好禮物。舉例來說，多人同樂的疊疊樂或桌遊（可參考知名桌遊品牌智荷DJECO和HABA），或是可供捏塑的各色造型黏土。

孩子需要的禮物：

兒童牙刷和漱口杯組合。雖然五、六歲的孩子仍無法自己將牙齒刷乾淨，不過可以開始幫助孩子建立用餐後刷牙的好習慣，讓孩子每日練習刷牙的正確動作，之後家長再用牙線加強清潔。

穿戴的衣物：

可供角色扮演的道具服裝，例如武士、公主、醫生、廚師等角色。

書籍：

家長可以根據不同故事情境來選購書籍，例如上學第一日、認識情緒、建立身體自主意識等主題的故事書。

家長停看聽！玩具太多的警訊

不會玩＋不懂玩＝不好玩，別讓多餘玩具侵蝕孩子專注力

班上最近來了一位新生蘿咪，她目前還在適應期的第一個階段，於是蘿咪媽媽陪著她一起進入幼兒園適應環境。晨間律動時間結束後，班上多數孩子趁著天氣好都去公園跑跳了，只有我和蘿咪、蘿咪媽媽還有兩個年紀相仿的小小孩待在室內玩。

基本上幼兒園的收納設計都會考慮到孩子玩耍的自主性，除非是桌遊或是拼圖等缺失一塊會妨礙使用的物品，不然多數的玩具箱都會是以孩子方便拿取為原則。孩子想玩什麼都可以自己去拿，無須經過誰的允許，只要遵守「一進一出」的原則：物品使用完畢，必須收拾好才能再拿其他的玩具。雖是鐵的紀律，但也不是完全沒有談判空間；孩子們都很清楚一進一出的大原則，不過若是偶爾靈光乍現，需要其他玩具來支援一項大工程時，他們也會跑來跟老師們申請許可。

一歲多的新生蘿咪還不會走路，卻是東爬西爬得非常好動，翻箱倒櫃想把所有玩具都瞧個仔細。我和蘿咪媽媽樂得看她放鬆自在地探索新環境，邊喝咖啡一邊漫聊，直到蘿咪晃了一大圈回來，爬回媽媽身旁，開始玩起剛剛被她使勁拉出來的一箱玩具汽車組合。我看她玩得專注，便起身收拾起地板上其他散落的玩具。蘿咪媽媽看到我開始收玩具，就問我：「玩具時間結束了嗎？」

聽到她這麼問，我解釋說：「我不是為了要進行其他活動而收拾玩具，我清空部分未使用到的玩具，是為了能讓她好好地專心玩。」

「但這年紀的孩子不就是會玩得很亂嗎？」她不解地問。

「對，但玩得很亂可以是一個成果，可是在雜亂環境中毫無章法地玩，就可能只是帶來混亂。」我笑著繼續解釋：「『玩得很亂』跟『坐在一團混亂中玩』，看起來似乎沒有什麼不一樣，但事實上對孩子玩樂的品質卻有很大影響。蘿咪因為對新環境好奇，每樣東西都想拿出來瞧瞧，這是好事。她爬了一大圈後開始坐下來玩，我撤下其他東西，只留下她正在用的那箱玩具，是為了淨空玩的空間，減少不必要的干擾，並不是擔心她玩得亂七八糟。」

「那大一點的孩子呢？」蘿咪媽媽疑惑地問：「你不可能還幫他們一邊玩一

邊收吧？」

「正確來說，不同年紀的孩子，對於玩具使用也有不同的負載量，」我接著說，「三歲以上的男孩子會開始喜歡建造式的玩法，所以就算一次拿出兩個玩具箱也很OK，因為他們通常很快就會在心中描繪出建構藍圖。他們可以一邊堆著木質積木時，看到一旁的孩子在玩汽車，突然就冒出一個停車場的建造概念，接著就先把車子排成一列，再用木頭堆砌一個空間來停這些車子，所以就算場面看似混亂，但其實玩得很有秩序。不過，**幼齡孩子的玩樂方式，主要仍在探索環境和事物之間的關聯，所以過多的選項和散亂的空間，只會干擾他們把玩物品時的專注力。**」

將選擇的力氣留給創意揮灑，精簡玩具選項更能激發新意

美國托雷多大學（The University of Toledo）曾經研究過玩具過量對於幼兒玩樂品質的影響，研究對象為三十六位介於一歲半至三歲的幼兒。在半個小時內，孩子們會分別被給予四個或十六個玩具。研究者藉此觀察，孩子們因應玩具數量多寡

的行為改變。

結果發現，孩子在只有四個玩具的時候，專注力較高且能不斷延伸出更多玩的變化；而當玩具增加到十六個時，孩子們會頻繁拿起不同玩具把玩，但每個玩具的使用時間則明顯變短了。

參與此一研究的學者梅斯（Alexia Metz）特別提及：為了降低實驗變數，三十六個孩子並非單純拆成實驗組跟對照組，而是將實驗分成兩天進行，所有孩子都給予四個和十六個玩具，藉此比較相同孩子對於不同玩具數量的反應。

她針對遊戲模式進一步說明：當孩子擁有十六個玩具時，孩子多半是戳戳按按地把玩一陣子就結束；**但當玩具減量到四個時，孩子反而會進行角色扮演，開始對話，以想像的方式加碼演出，我們因此能得到「過多的玩具會減低幼兒注意力」的結論。當孩子玩得夠深入時，才能延伸出創造力、語言表達力和問題解決能力。**

孩子該擁有玩的主導權，玩什麼、怎麼玩，大人都不應該輕易干涉。然而，大人也不能完全置身事外，誤將失控的混亂錯認為創意。最重要的是，我們有責任提供一個安全自在的遊戲環境給孩子。

德國幼兒園一天下來，有很多的自由玩樂時間，老師雖然不積極參與孩子的遊戲，卻非常仔細觀察孩子如何玩，以及玩具的使用情況。倘若孩子玩得亂中有序，就代表此刻玩具數量仍在可控制範圍內。

概括地說，注意力的長短與年齡相關，一歲以上到三歲以下的幼童，在沒有大人指導下進行活動時，他們的注意力平均值只有三分鐘，四歲以上六歲以下的平均值則落到六到八分鐘。而當孩子在玩他們喜歡的玩具或熱衷的活動時，專注時間也會跟著拉長。

考慮到不同環境和活動性質的差異，我們固然很難將孩子的注意力長短給精準量化衡量，但若一個四歲孩子對於手上的心愛玩具總是沒幾分鐘就失去興趣，家長必須不停提供新的活動來滿足他的玩樂興致，我們不妨可以進一步檢視：在孩子的玩樂環境中，是否有一些容易讓孩子分心的因素，干擾他們集中注意力？

孩子的注意力並非與生俱來，必須靠環境和教養方式的支持才能強化。如果孩子拿了玩具，卻不正確使用，開始拿著玩具丟著玩或追打，這代表玩具此刻已喪失原本的玩樂功能，全班幾乎進入「緊急狀態」，需要老師將失序的一切拉回原點，重新開機。德國老師通常會請孩子先把所有的玩具歸位，請大家坐下來說故事或唱歌，透過一個新的活動幫助孩子先把心靜下來。活動進行時間大概十五至二十分鐘，然後再把主導權交還給孩子，提供兩三個活動選項，並拆成幾個小團體在不同教室進行。

每個孩子都有不同的玩具喜好，對於玩也有各自五花八門的花招，**我們無須過度聚焦玩具的具體數字，但是大人可以稍微看一下玩具的「種類」是否太多太雜，進一步觀察孩子玩玩具時的狀況，來判讀孩子的玩樂方式是否仍在正軌上穩定進行、是否還有繼續玩耍的意志**。例如當桌上有拼圖，地上還有玩偶加上散落的樂高積木，卻看不出孩子有任何正在執行中的玩樂計畫時，大人可以詢問孩子的意願後，先把一兩組玩具收起來，再重新按下遊戲的啟動鍵。

至於為什麼要留意玩具的「種類」而非「數量」，道理其實很簡單。慕尼黑華德福幼兒園的教育顧問庫蒂克（Christiane Kutik）一再倡導，適度的玩具減量能夠使孩子更為專注，因為每種玩具都是一個刺激，但當眼前的玩具太多太雜時，孩子會因同時接收過多刺激而造成思考線路阻塞，反而無法執行一個有架構的遊戲，最後宣告「當機」。

華德福教育很早就發現了玩具減量對孩子的正面影響，因此在他們的早教機構並不提供玩具，只給予自然素材，像是德國秋天隨地可撿的馬栗、松果和木塊，或是大小不一的布料和抱枕，讓孩子在有限的物品中激發玩的創意。

德國老師經驗談

戳戳咬咬並不夠，有進一步的遊戲構思才算懂玩！

長年來，我觀察德國幼兒園孩子們整天的遊戲狀態，領會了孩子喜愛玩樂固然是天性，但這能力其實也需後天環境的支持去強化。

不少大人以為把玩具給了孩子，孩子應該就可以好好玩個一陣子，但卻忽略了孩子的玩樂方式其實有深淺層次的差異。

根據英國臨床兒科心理師瑞奇（John Richer）的研究，當孩子拿到一個新玩具時，會經歷兩個階段：第一個階段是「探索期」，此時孩子會好奇手上的新玩具有什麼特別之處，例如哪邊有蓋子可以掀開、會不會旋轉或發出聲音等等。等孩子摸清楚玩具的屬性和功能後，就會進入第二階段「遊戲期」，在深層的玩樂模式下，開始去思考自己可以怎麼玩這個玩具，並根據遊戲需求來做出調整，比如

適度的玩具減量能夠使孩子更為專注，
但當眼前的玩具太多太雜時，
孩子會因同時接收過多刺激而造成思考線路阻塞，
反而無法執行一個有架構的遊戲，最後宣告「當機」。

找人協作來讓遊戲順利進行。然而，瑞奇博士指出，**孩子手邊若同時擁有太多玩具，探索的時間就會拉長，且因為各種玩具的多重刺激讓他分心，導致無法進入深層遊戲狀態。**

我們來看看德國幼兒園的兩個生活實例：

案例1 奧斯卡的動物園奇觀

每個孩子都是天才玩家，最珍愛的玩具能啟動孩子深層的無窮可能

兩歲半的奧斯卡最喜歡玩幼兒園裡的動物組合，他一邊拿起不同動物，嘴裡也跟著發出不同動物的聲音，有獅子、大象、斑馬等非洲動物群，也有貓、狗、乳牛和驢子等農場動物。動物組合是他一歲剛入園時就愛不釋手的玩具，那時的他還不知道動物的英文怎麼說，但當他想告訴我他要玩動物組合時，就會發出驢子「嘻哈」的叫聲，非常可愛。

除了奧斯卡，尼基和亞倫也在旁邊建造區玩積木，幾個男孩都差不多年紀，我則靜靜站著一旁觀察孩子們的玩樂情況。奧斯卡先是把各種動物成群列隊放在

窗沿，看上去就像一場動物閱兵大典。他一轉頭，看見男孩們正在玩積木，突然也抓著動物跑過去要一起玩。

按照幼兒園的玩具使用規則，建造區開放玩耍的玩具只有木頭積木和樂高，因為孩子們堆砌積木、建造各種城堡和大樓所需的空間比較大，所以其他類型的玩具必須問過老師才能攜入。玩心大發的奧斯卡一時忘了先詢問，等我叫住他，他才告訴我他想把動物帶過去，他要蓋一座動物園。

我笑著點頭放行，沒多久就看到奧斯卡把建造區的空間占了一大半，一旁還有幾個孩子在圍觀這個大工程如何進行，米拉老師走進來看到也對奧斯卡的傑作驚呼連連。沒有任何老師在旁指導，奧斯卡就把積木疊高，再分別作出隔間，彷彿他腦袋裡就有張建造藍圖，一塊一塊積木毫不猶豫地飛快堆疊上去，最後再把動物們給擺放就位。

如果我不是在一旁從頭觀察起，否則在奧斯卡完工之前，看到建造區那些散亂一地東倒西歪的動物組合，我可能只會覺得他違反玩具使用規則，得請他收拾好再離開現場。但這種表象上的暫時混亂其實是正常現象，因為孩子進入深層玩耍時，他們的腦袋裡會有許多玩樂的延伸連結，這代表孩子正專注譜出不間斷的

玩樂節拍，所以大人對此不需要擔心。

但我們必須留意，不是每個孩子都能在一團混亂中，創造出玩樂的方法，或是心無旁鶩地進行自己的活動。所以大人需要觀察孩子的玩耍狀況，且在必要時給予協助。

案例2 里歐的拼圖學習歷程

必要時出手為孩子降低周圍雜訊，減少分心才更容易進入深層遊戲期

班上同樣兩歲半的里歐，跟我說他想玩手抓拼圖，我拿了兩款不同主題的拼圖讓他選，他選定了汽車主題後，就找了位置坐下來。剛開始，里歐還挺規矩地把拼圖一塊一塊拿出來端詳著，要拼回去時卻拿著一個尺寸大小明顯不對的拼圖塊，一股勁地硬要塞進夾板裡。他試了幾次，也換了別的拼圖塊，總算拿到對的那一塊時，卻因為方向不對，也沒辦法把拼圖塊放進去。

「你轉一下拼圖再試試看。」我說。

他一臉茫然地看著我，我拿起他手上的拼圖塊向左又向右地轉了幾下，再指

著拼圖夾板向他解釋：「你拿到拼圖的時候，如果放不進去，可能是大小不合，或是方向不對，所以有時候轉一下拼圖就能放進去了。」

里歐因為無法自行完成拼圖而失去耐心，眼神開始游移到教室另一頭正在玩汽車的孩子，而擺著拼圖的桌子旁邊，還冷不防地冒出一歲多的漢娜，想抓取桌上的拼圖塊。我正想著要不要帶著他拼完一次當作練習，他就丟下一句「不拼了」，然後雙手奉上拼圖交還給我，想離開座位。

我請里歐等一下。環顧四周，玩汽車的孩子全速行駛著手上的車子，另外有幾個在一旁席地而坐的孩子，正咯咯笑地一邊唱歌一邊打拍子。這些背景雜音對已經熟悉拼圖玩法的孩子來說，或許不會造成干擾，但對於本身注意力就相對薄弱，或是正要練習新技能的孩子來說，心中本要專注的頻道會因為外在干擾而一再切換，陷入無法持續對頻的狀態。

我請莎拉老師把四周散亂的玩具稍微收拾一下，然後帶著幾個唱歌的孩子去別間教室進行音樂活動。現在教室淨空了一半，音量也降了不少。我這次先主動建議里歐嘗試比較容易上手的三塊式拼圖。這個拼圖是把小棕熊的臉、身體和腳分成三部分，孩子可以自選熊熊的各種表情、衣物、鞋款。這對他來說果然簡單

多了，等他拼完之後，我問他要不要再試試看別的拼圖，他也應聲說好。我把他之前放棄不拼的拼圖再拿給他，先拼好了一兩塊給他看，等剩下只有五六塊拼圖時，他果然就專心多了，也記得轉動拼圖來調整角度。最後整副拼圖完成時，他又開口要了另一副來玩。

造成孩子注意力不足的原因通常不止一個，它除了跟教養方式和生活節奏是否太快太滿有關，還有環境裡的各種干擾因素。而身為家長和老師，就是要把所有分心的可能降至最低，讓孩子有機會練習專注在做好一件事情上。**當孩子練習的次數愈多，能夠專心的時間就愈長，成果的完成度自然也會提升，這樣就能提高孩子的興趣，又轉為堅持的動力。**日積月累下來，孩子便能不靠外力主動過濾掉那些背景雜音，專注在自己要做的事情上。

玩具太多的兩大警訊，必要時刻大人須出手撥亂反正

警訊1 每樣玩具都玩不超過十分鐘

基本上，三歲以上的孩子對於自行選擇的活動，應該可以至少進行十分鐘左右。如果孩子一開始興致勃勃地說想玩這玩那，但是卻無法真正從頭到尾將其完成，這代表孩子此時無法專注。例如說，孩子嘴裡說想畫畫，但塗了幾筆就結束，再來吵著要堆積木，積木拿出來後沒多久就又說不玩了。**當孩子這種分心情況頻繁出現的時候，大人可以給予孩子一些小小的任務，從旁培養孩子的「續航力」**。例如孩子說要畫畫的時候，可以鼓勵他盡可能地將顏色塗滿，或是在孩子拿出積木卻沒耐心玩的時候想點子一起合作，讓孩子得到任務完成的成就感。

另外家長可能需要留意的一點，就是當孩子玩的時候，必須盡量減低不必要的聲光干擾，例如孩子一邊玩一邊看電視，就無法專注地玩。因此，關掉電視，也不放音樂，玩這件事才能成為唯一焦點。基於同樣理由，德國幼兒園的玩具都是一箱一箱地收好放進有門的櫃子裡。上頭是老師們的書櫃，而玩具箱皆放在孩子身高足以自行拿取的低矮櫃。幾乎所有玩具都收進櫃子，一次最多只能拿出一兩箱要使用的玩具，以降低視覺上過多的刺激。

警訊2 手邊沒有玩具就不會玩，但有了玩具也沒辦法一人獨玩

如果孩子對沒有遊樂設施的戶外活動感到興趣缺缺，或是過度依賴大人的陪玩，一個人總是會陷入不知道要玩什麼的狀況，這代表孩子已經遺失了玩耍的能力，此時不管眼前玩具有多少，孩子也會因為不懂玩而無法獲得樂趣。我認為除了個別性情上的差異，另一個原因是孩子從小學習行事曆就被塞得太滿，導致自由玩樂時間太少，讓孩子雖有想玩的心，卻沒有與其對應的能力。這些孩子通常需要外力介入才能進入玩耍的情境，例如要大人全程陪玩、總是得跟隨著領袖型的玩伴，或者只偏好聲光效果高的玩具，如電動機器人、遙控車等等。

因此，大人除了在作息安排上別忘了給足孩子自由運用的空檔，一方面也必須耐心引導，切記不要讓孩子覺得，單獨玩是爸媽單方面強制性的規定。羅馬無法一日建造完成，孩子的習慣也需要時間建立，**當孩子在最剛開始摸索如何玩耍時，父母從旁提供點子或提示其實也無可厚非。因為若只是單單丟了一句「你自己去旁邊玩」，就讓孩子跟玩具獨處，並不會讓孩子玩興大發，反而只會感覺自己被父母推開，這會讓喜歡黏在爸媽身邊的孩子感到不解和不安。**

華德福幼兒園的教育顧問庫蒂克給了爸媽們一個小提醒：所有的創造，都是經由「模仿」開始了第一步。她以華德福幼兒園裡的親子共演羊毛玩偶劇為例，這些玩偶用簡單的材料和布料就能製作，家長也無須特別費心準備劇情，整個過程只需要十分鐘。但一開始的時候，家長不能期待孩子馬上就能用想像力天馬行空的順利開演，需要先讓孩子「暖機」一下，才能投入發揮。

庫蒂克說：「今天的孩子必須重新學習『玩耍』這一件事。因為媒體影像和音效圖像的刺激無所不在，這使得孩子在玩的能力培養上，比過去困難許多，他們愈來愈難去發展自己的玩樂創意。許多華德福家長看到孩子在無玩具體驗後的轉變，都不禁大呼『我的孩子終於懂得怎麼玩了！』。」

她還說了一段讓我十分認同的話：「若要成為孩子的模仿榜樣，大人們得先喚醒自己的內在小孩；如果大人不夠投入，孩子就很難踏進多彩的想像力世界。舉例來說，我們拿起一塊綠毛毯，要想像它轉眼間就化成茵茵綠地，藉著一來一往的對話，熱情邀請孩子一起參加這場想像力的趣味競賽，讓孩子描繪出腦中原創的圖像，這種以想像為基底的遊戲，最能玩出創意與持久力。」

簡言之，爸媽真正需要做的，就是認真看待陪孩子玩的這件事，不要心不在焉地敷衍，並記得不時觀察孩子玩的狀況。大人若真分身乏術忙不過來，也可以仔細觀察孩子的喜好，給予小小任務，然後過個十分鐘回來看一下孩子，鼓勵且讚美孩子的成果。如此一來，孩子感受得到我們的陪伴，同時也能練習掌控自己的玩耍計畫。

買玩具給孩子很容易，但大人可別忘了，除了要當一位物質上的供給者，也必須盡到保護與陪伴孩子的責任。否則遠超出需求的供給，到最後可能是變相剝奪學習，大人們不可不慎。

快樂，不一定跟物質畫上等號

玩具不是唯一獎勵方式，零成本的鼓勵更能活化學習動機

該做的事孩子偏偏不做，能拖就拖；不該做的事，就算要面臨重重障礙，也執意要試。有時爸媽和老師招數使盡，獎勵或處罰對孩子卻起不了多大效用，無力感和壓力總在此時迎面襲來。

德國的教育工作經驗使我將自己歸零之後，重新省視了很多常見的教養問題。有些問題固然是礙於大環境的限制，而難以突破困境；但也有些是因為一開始被視為是「特效藥」的教養策略被過度濫用，反而後患無窮。這些經驗讓我察覺，過去長期習慣的教學方式雖然表面上學習效率高、課堂反應也好，但嚴格來說，為了快速看到學習成效，而給予孩子不適切的讚美與物質獎勵，其實反而失守了本該堅持的教學專業立場。我在這裡想要探討的，就是獎勵與孩子行為之間的微妙關係。

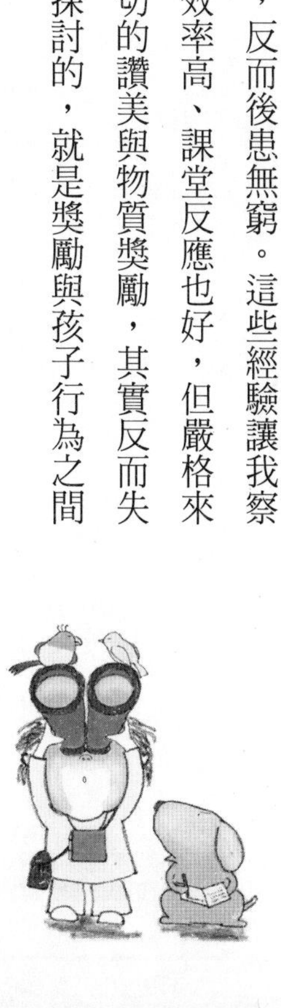

速效的外在獎勵，真面目是侵蝕孩子自主性的猛烈毒藥

很多家長為了在短時間看到成效，捨棄了有耐心、技巧性的循循善誘，去引領孩子做出改變；反而時常使用獎勵積分制來犒賞孩子。比如說整理房間可得到兩點、一個禮拜自動自發做功課能得到五點，所有累積的點數可以用來兌換獎品，像是文具、遙控車，甚至是暑假的出國旅行。積分制的獎勵法不只家長很愛，不少學校老師也會使用。我自己執教初期也曾在課堂上引進這種方式，因為只要花點錢就不用聲嘶力竭地追著孩子跑，根本雙贏。

然而，事情並非如此簡單。這劑教養特效藥若不謹慎使用，**一再加碼獎勵強度，不但孩子終究會對獎品疲乏，最糟糕的情況是在收回獎勵制度後，孩子找不到繼續維持好表現的理由，因此反而變得比原來更散漫，學習的能量會重新跌落低點。**這讓老師跟家長倍感受挫，因為沒料到把獎勵制度撤掉，對孩子來說等同於處罰，於是陷入打罵使不得，獎勵也變得徒勞的兩難窘境。

教育心理學將此種以物質獎勵為誘因，引導行為改變的方式，稱之為「代幣

獎賞制」（Token Economy）。這原是精神療養機構訓練患者自我行為控制的一種治療方法，後來也被教師應用在班級管理，甚至也鼓勵家長在家執行。有些家長採納了學校老師的建議後，在家實行代幣獎賞制，一開始孩子做事再也不用三催四請，少了很多不必要的爭執與角力，但才不到兩個月孩子就變得興趣缺缺，最終宣告失敗。

我雖不反對這種獎勵制度，但我個人卻不會鼓勵家長自行在家實施，原因在於這制度其實牽涉到很多執行上的教養細節，不是單純的獎品交換就能擺平問題。教育心理學已經有很多實證研究指出，這種獎勵方式只能短期奏效，除非一再加碼獎勵來提高孩子改變行為的意願，不然眼前看到的極好成效都只是孩子暫時性的行為改變，因此家長或老師在實施代幣獎賞制度的時候，都應保持謹慎的態度。

這種過分強調外在物質獎勵，因而忽略內在動機的負面影響，被稱為「過度辯證效應」（Overjustification Effect）。心理學教授李波（Mark Leeper）設計了一個著名的實驗，他們在一個幼兒園裡進行一項為期三週的行為觀察紀錄。實驗對象是一群年齡介於三到五歲、熱愛畫畫的孩子，也就是說，這些孩子原本對於畫畫活

動就有內在動機。實驗開始後，研究人員把孩子分為三組，在教室桌上擺上白紙和畫筆，這三組的差別在於：

❶第一組被告知畫畫之後會得到印有名字的證書當獎勵；
❷第二組等到畫畫完了之後，才出其不意的收到證書；
❸第三組完全不知道有證書當獎勵這件事。

兩個禮拜後，當老師再次把白紙和畫筆擺在桌上，但這次沒有任何獎勵。研究人員透過單向透視玻璃觀察獨留在教室裡的孩子們，結果發現：對畫畫活動最不感興趣的是第一組，有一半以上的孩子因為沒了獎勵就不想拿起畫筆；而第二組和第三組的行為則沒有太大變化。由此可見，獎勵不是不可行，但若事先告知孩子獎勵與特定行為綁定，很容易會讓孩子喪失興趣。

我們常不自覺地把課程內容當成一場交易來進行：課堂上認真聽講或踴躍發言可以加分，成績好、排名好也能得到獎品獎金，但其實這兩種方法都無法實際強化孩子的學習動機，甚至可能讓其興趣減弱。原因在於，以A（課程）換B（獎品或加分）的模式會混淆重點及目的，讓孩子不再是因為課程有趣而專心聽講，也不是力求理解而發言，而是注重表現背後可以交換到的好處。

我們對孩子行為的獎勵給得愈多，孩子對獎勵的依賴就會愈大，但實際上這卻是一種非常消極的作為。比起責備、處罰，我們可能以為獎勵會是更好的教養方式，但如果只給獎勵，而輕忽孩子行為與內在動機之間的關聯，**頻繁的物質獎勵和處罰其實一樣，都只是換來暫時性的服從行為。**

李波教授提到，某次演講結束，有一對爸媽告訴他代幣獎勵制度對孩子的危害：「他們告訴我，獎勵初期一切都很美好，孩子吃飯時坐得挺直，連不喜歡的蔬菜青豆也吃個精光。直到有一天，他們帶孩子上一家高級餐館用餐，孩子突然拿起桌上的水晶杯問他們說：『如果我不摔破這杯子，可以得幾分？』」

因此，家長若無法準確拿捏獎勵輕重，對孩子的行為與態度都容易有負面影響。因為在認知上，孩子已經認為自身的行為本應掌握在外控因素（獎勵）上。

但是萬一已經給了孩子物質獎勵，接下來該怎麼收尾呢？我建議，家長可以執行漸進式的物質獎勵退場計畫。**已經發給孩子的獎勵自然不能無端收回，不過**

可以試著在接下來幾次的獎勵清單中，列入非物質性的選項，例如去動物園玩或週末時可以晚睡一小時等等。這時大人需要特別注意獎勵的頻率，並非每次孩子達成任務都一定要給。家長也可以練習用語言和擁抱去讓孩子得到肯定，效果也很好。

在幼兒園，若要將獎勵應用在班級管理，教師也必應該視其為最後的撒手鐧，而且只能短時間施行。因為此種獎勵方式很容易誤導孩子，讓他們以為學習是與他人的競爭與比較，而不是自我能力的提升。教師若將其視為提升孩子積極向學的主要方法，會讓外在因素影響內在學習動機，忽略了即使方向不同、步伐快慢不一，但其實每一個孩子都有對學習的渴望，過多的外在因素介入，反而對他們造成了干擾。

德國老師經驗談

本分之事不用獎勵，成就感就是無副作用的最佳獎賞

德國幼兒園裡奉行的重點教養法則之一，就是孩子本分內該做的事無須特別獎勵，不打成績，也無關好壞輸贏。課堂內的大小活動，都讓他們自己掌握進

度，必要時幼教師再從旁引導給予協助或建議。學習任務完成了不只沒有獎品，就連口頭上的讚美也非常謹慎，不管在帶領生活常規或學習活動，老師們總是一派淡定從容卻不失原則。

有些孩子固然很早就對某些學習活動表現高度興趣，之後卻未必能保有熱情。原因無他，就是原本有趣的事情變得不好玩了。

我在德國幼兒園看到許多台灣家長絞盡腦汁要克服的難題，在這裡幾乎化為無形。吃飯喝水、穿衣穿鞋、學習態度等大小事項，各環節的教養問題不是沒發生過，但是德國家長和老師都不認為它們是多麼大不了的麻煩，只是一種暫時性的自然存在。孩子不想喝水吃飯，是因為他們當下不渴不餓；孩子不想穿外套，可以等他們喊冷了再穿；孩子不想參與活動，也許只是今天沒有興致……這般看似隨興鬆散的教養態度，其實賦予孩子學習上需要的空間和養分，大人只要靜待萌芽的一刻。

很多人不理解，**有時候家長或老師對於孩子狀況的無作為，其實是教養路上**

必要的靜待與守望。過於頻繁且強勢地介入孩子大小活動或選擇，多半只是為了安撫父母自身的焦慮，但對孩子學習主動的態度來說，並無必要。

寧可慢學，也不要孩子到最後厭學

德國人認為，要求孩子在幼兒園時期精熟任何一門學科並不合理，因此不教讀寫，也不讓孩子背誦任何詩文或讀本。反之，他們在培育孩子們的學習態度上投入相當大的心力，除了口頭獎勵，德國幼兒園向來沒有獎卡或積分制度，因為大家知道過多外力干預所促成的學習成效，只是曇花一現的淺薄表象。因此，若**幼教師要孩子嘗試做某件事，採用威脅或利誘都會被認為有失專業，只能憑藉平日對孩子們的觀察與了解，看準時機，不動聲色地遞出邀請。**

基於自主學習的核心價值，只要不影響到其他人，德國家長與幼教師不會勉強孩子做任何他不想做的事情。然而，以如廁訓練為例，家長和老師靜待一段時日卻仍沒聲沒響時，雙方會互相配合，共同營造一個讓孩子會想要積極配合的情境，希望孩子可以從被動變主動，完成如廁訓練。

德國老師
經驗談

2～3歲小小孩的如廁訓練

——善用同儕當榜樣，放大孩子的成就感！

德國幼兒園大致上只分成兩組，一至三歲的是小班，而三到六歲是中大班。孩子的成長速度有快有慢，如廁訓練自然也沒有固定的時間表，只是原則上不論家長或幼教師都希望孩子滿三歲時，即升上中大班之前可以完成。幼兒園裡，因為有中大班的哥哥姊姊當作榜樣可以讓小小孩仰望，所以通常執行上來說，孩子在幼兒園會比在家裡更有意願開始嘗試。

幼教師若觀察到幾個符合進行如廁訓練的跡象，例如尿布溼了髒了會主動跟大人說、午睡起來尿布完全沒溼、吵著不想包尿布等等，就會提議家長一同配合進行如廁訓練。一開始，幼教師會在換尿布時問孩子要不要試著坐在馬桶尿，這時如果有已完成如廁訓練的玩伴正坐在馬桶上，就很有可能成功引起孩子嘗試的意願。萬一提議被否決，幼教師也只會微笑地說「沒關係，你可以不用試」。要留意的是，孩子拒絕後，不要每次換尿布都再問一次，因為一天問好幾次很容易讓孩子從無感轉為反感。強迫推銷可是大忌。

反之，若孩子答應嘗試，也無須喜出望外的大肆表揚。此時德國幼教師會請孩子在廁所旁的小書櫃選本書，然後坐等尿尿出來。其實能在第一次就尿在馬桶裡的孩子並不多，甚至也有首次感受尿液流過腿間，被這種觸感嚇得哭出來的孩子。大人在過程中只陪伴不強迫，確保在過程中孩子的如廁體驗愉悅且無壓力。

萬一沒尿出來也沒關係，請孩子穿上紙尿褲，並告知下次若願意可以再嘗試。順利尿在馬桶裡的孩子，老師會拿出許多不同圖樣的印章，他可以選一個蓋在手臂上，代表如廁完成，然後告訴他回到教室後可以把印章秀出來給其他老師看。其他老師們看到印章就知道要配合演出，口頭上肯定孩子的嘗試，和孩子擊掌歡呼。

如同獎狀，蓋在手臂上的印章強調的是一種榮譽心或是成就感，不同於星星貼紙或獎品，將其努力以量化或物質化的方式，來換取孩子特定的行為表現。蓋章這種方式並沒有獎勵積分制長期使用後會出現的後遺症，孩子也不會加碼要求愈來愈大的獎品，而且最大的優點是執行退場機制時，不會引起任何反彈。通常孩子的如廁訓練耗時約一到兩個月，多數的孩子到一個月時已有「自己應該去馬桶尿尿」的認知，不太會主動要求蓋章，也確實接收到自己長大的訊息。此時就算沒有蓋章，也不會想穿回紙尿褲了。

比起如廁訓練完成之後便一勞永逸，家長或老師常常面對的是孩子叫不動的情況，事情不盯著做就似乎不會完成，這種被動態度讓很多家長頭痛。但我認為，孩子無法真正學會自動自發的原因，在於父母面對結果的好壞表現太過在乎。**德國家長因為希望孩子能獨立，所以不管穿衣穿鞋，吃飯或如廁，都把過程中的重點放在孩子是否能靠一己之力完成，而不是以結果論成敗；換句話說，只要孩子自己願意嘗試就值得肯定。**從這個角度來看，此時孩子若無法自動自發地完成要求事項，也許就會發現問題癥結並不是獎品不吸引人、賞罰不夠分明，而是大人努力的方向不對。

德國老師經驗談

6歲以上要練習自己寫作業

——把糾錯任務還給老師，家長陪讀只是為了陪孩子養成獨立自律

德國父母在孩子剛升上小學時，因為考量到孩子一下從整日自由玩樂變成課堂制學習，怕他們一時難以適應，所以初期會陪孩子一起做作業。不過，這一階

段的重點仍然在於訓練孩子獨立寫作業，而不是交出正確無誤的作業給老師。

德國老師認為，如果家長在寫作業過程中介入太多，直接出手挑錯指正，不只孩子不能從錯誤中學習，也容易讓老師誤認為孩子已經理解。只要全班有超過半數的家長都這麼做，老師很自然會逐步提升作業難度，難度提高後家長又會盯得更緊，久了會造成孩子學習上的惡性循環，他們會害怕犯錯，也養成依賴家長幫忙訂正的習慣。

那該如何提升孩子的學習自主性呢？我們能運用以下兩個步驟：

步驟1 暫時收回求救發問卡，逐步拉長孩子的自我奮鬥時間

有些事不見得是孩子不想做，而是不知如何開始做。這年紀的孩子喜歡結伴，不管是整理書包或是寫功課，獨立作業的過程對他們來說十分難熬。在情況允許之下，家長或許可以在剛開始的時候，跟孩子待在同一個空間裡，不過告訴孩子爸媽自己也有必須專心處理的事，請他自己先試著做，遇到有需要幫忙或不懂的問題，可以先略過，等到家長工作處理完後，再陪他一起看有哪些部分需要

再做點調整。以這樣的方式，讓孩子按部就班練習一人獨自完成交代事項，就算無法一次完成整個任務，卻是孩子養成自動自發習慣的重要第一步。

另一方面，別忘了軟化一下學習環境的氛圍，讓孩子覺得自己不是被強押上陣的。「不好好讀書以後就找不到好工作」的論述，之所以對多數厭學的小學生來說無效，是因為那光景對他們來說過於遙遠，眼前他只知道寫功課念書時很煩躁，要一直訂正一直被盯，都快被「現狀」淹沒了，根本管不了未來會如何。對孩子來說，平常跟爸媽相處融洽，但只要一碰到學業的事，爸媽就很容易情緒炸裂，若想要避免可預期的低迷氣氛，那自然不會湧出學習的興致。

步驟2 容許錯誤和瑕疵，大人只需肯定「獨自完成」的部分

除了第一步驟，家長們也必須意識到，自己的反應會如何影響孩子的學習動機。最常見的問題莫過於孩子不會主動寫回家功課，這背後的原因雖然可能不止一個，但家長不妨稍加留意對於孩子的作業的評語。與其說「寫完了嗎？這幾個字太醜，請擦掉重寫」，不如說「你可以不分心自己完成作業，爸爸媽媽覺得你

有進步，現在只要再檢查一下哪個字不小心寫歪，稍微訂正一下就好了」。不要直接告訴孩子哪幾個字寫得不好，請他自己再檢查一下，如果孩子檢查後認為沒有問題，也不需要指出來。

培養孩子自動自發寫功課的態度時，大人要先改掉挑毛病的習慣，遇到孩子字寫醜、題目做錯，都得沉住氣不苛責。大人若以結果論，要求字寫得漂亮，答題要正確，孩子「獨自寫作業」的難度就會提高，對這件事也會變得抗拒，且失去安全感。

因此，提醒孩子作業需要訂正的同時，請大人肯定孩子獨自寫完作業的努力，諸如「即使沒有問爸爸，你自己也都可以做完啦？」、「不錯呦！你已經寫了這麼多」。幾句鼓勵的話，日積月累能扭轉孩子的學習態度，這遠比獎品或處罰更來得有效，也更有意義。

對幼兒園學齡孩子來說，物質化的鼓勵方式短時間會看到驚人成效，但時間一久卻很容易降低孩子內在的學習動機，它是一個需要謹慎使用的非常手段。偶一為之的獎勵能提振士氣，但對於孩子負責的日常事項，例如回家作業或家事分擔，就實在不需要輕易地使出絕招。

大人想要鼓勵孩子，除了手段更重要的是時機與強度。從我們嘴裡說出的提醒，可以是孩子學習上的催化劑，但家長或老師若不下功夫去體悟背後原因，直覺脫口而出的提醒就會變了調。於是，大人自己使錯了力，還責怪孩子不知上進。**力道過大的獎勵只是變相的處罰，不僅誤了孩子，反作用力也傷了自己。**

寧可慢學，也不要孩子到最後厭學。
除了口頭獎勵，德國幼兒園向來沒有獎卡或積分制度，
因為大家知道過多外力干預所促成的學習成效，只是曇花一現的淺薄表象，
老師只能憑藉平日對孩子們的觀察與了解，看準時機，不動聲色地遞出邀請。

Part 2

用少量玩具營造正向遊樂世界！

0~6歲的玩具選購指南

針對幼兒發展需求撰寫的「玩具選購指南」，
幫助家長挑對玩具、精準購買不失手，
用好玩具刺激嬰幼兒感官發展、
促進1~3歲的手眼協調能力、發展4~6歲的社交技能！

玩具不插電，玩樂續航力反而更持久！

電子玩具易壞又容易喪失新鮮感，不如簡單玩具聰明玩

沒有制式課表的德國幼兒園，只有「自由玩樂」是唯一恆久不變的日常。每天站在幼教現場看著孩子玩的幼教師們，知道有一種玩具一入園就會讓所有孩子為之瘋狂，那就是有聲光音效或能自主移動的電池玩具。不過，這種玩具能受到關愛的日子十分短暫，如旋風般來去飛快。

根據幼兒園的玩具管理守則，我們園所並不購入附有電池的玩具。不過一開始，因為時常有熱心的畢業班家長捐獻家裡被汰換掉的玩具給幼兒園，幾位老師挑選合適孩子年齡的玩具時，偶爾也會破例讓這類有電池的聲光玩具進入園所，讓孩子玩個幾天嘗鮮一下。

這些新入園的二手玩具立刻就吸引了所有孩子的注意力，孩子們開始鼓譟起來，爭先恐後想要搞清楚所有按鈕的功能。然而，就算玩具搶到手了，幼齡孩子

也常常無法正確操作所有發聲或發光按鈕，只能跑到老師這邊，焦躁地想請老師「修理」好。幾年下來，我們發現這些家長捐獻的二手「新」電池玩具入園後，使用的高峰期只有頭幾天，等班上孩子玩過一輪，新鮮感消失後，又淪為幾乎無人聞問的待廢棄玩具。幾番考量下，老師們一致決定不再接收家長捐獻的電池玩具。

聲光遊戲的兩難

——爸媽的片刻安寧 vs. 孩子的主動性&語言發展

嚴格說來，德國幼兒園不會採購聲光玩具的原因，除了損壞率高，最主要也是基於這類玩具雖然非常吸引孩子，事實上之於玩樂能力的發展卻沒有明顯的助益。

這類型的玩具之所以特別吸引一歲至兩歲的幼兒，部分是生理本能對環境中出現的新刺激做出反應，心理學上稱之為「定向反射」（Orienting Response）。例如突然出現的巨大聲響會引起注意，這反應是一種對環境變化的生理保護機制，

但孩子若被這類玩具所帶來的種種聲光刺激過度吸引，會因此降低與人的互動和言語交流。

舉例來說，我們幼兒園有各種玩具汽車的組合，也有許多動物模型玩具。當孩子手裡拿著消防車在玩時，嘴裡會脫口說出「歐伊歐伊～消防車來了！」。他們一邊玩，腦袋會自動搜尋與該物品相符合的情境語言，這是孩子認知發展的關鍵步驟，而聲光消防車的自動鳴笛聲往往娛樂效果十足，孩子不自覺就被玩具支配，不停忙著看不同按鈕按下去會有什麼變化，認知的反應連結就被玩具的聲光效果取而代之，也削減了其想像空間。

目前幼兒園唯一留下來的電池玩具，是一輛約三十公分長的黃色校車巴士。這一台黃色巴士本來附有電池，有兩個按鍵按了可以發出音樂和喇叭的嗶嗶聲，但當按鈕被玩壞了之後，孩子幾次按了發現沒有反應，就也不爭著玩了。

突然有一天，班上不滿兩歲的女孩艾娃，發現小個子的她可以橫跨在這台黃色巴士上用雙腿滑行，就這樣玩得不亦樂乎。其他孩子看到艾娃獨創的新玩法後，馬上又對黃色校車巴士瘋狂了起來，爭相效仿試乘。沒有了電池，孩子也不再執迷於那兩個按鈕，開啟了新的玩法。除了跨坐滑行，因為車體夠大，他們也開始把一些小東西丟進車廂裡充作快遞車；有的孩子甚至把它當成買菜用的推車。誰都沒料到，巴士按鈕壞了，孩子玩法反而因此跳脫限制，老師們也同意把黃色校車巴士留下來。

來自孩子腦中的聲光效果，最無害也最厲害！

其實，聲光玩具所提供的功能大都可以被傳統玩具取代，只是在操作上當然沒有一個按鈕來得快速便利，遊戲進行時通常會需要大人的指引。**但一個費時費力的過程，往往不僅能加乘孩子的自我效能感（self-efficacy），藉由成功的實踐經驗累積信心，更能進一步培養專注力與耐心，可以說是一舉數得。**

我們園所裡的一位德國幼教師偶爾會在午餐前的自由玩樂時間，跟孩子一起玩堆紙箱的遊戲，特別是當孩子們又累又餓又玩得心浮氣躁的時刻，老師出手進行一個團體小遊戲，就能幫助幼齡孩子的情緒回穩。

遊戲本身很簡單，老師會請孩子們去儲藏室搬大約八、九個中小型紙箱到教

室，請孩子們圍成一圈坐下來。接著老師先放一個紙箱在地板中間，再請一個孩子自行選一個紙箱堆疊上去，一個接著一個，等紙箱堆到高處，孩子搆不著了再換老師，一直到紙箱堆好推滿為止。最後，當然要來一場大破壞才過癮！孩子們屏氣凝神圍著紙箱高塔站成一圈，等著老師倒數三二一，就又踢又踹歡呼著把紙箱撞倒，整個遊戲大致上重複進行個三到四個回合後結束。

每次德國幼教師玩這個遊戲，我都會笑著在側面觀察孩子們的反應，意外發現幾個喜歡推倒別人積木或踩踏火車軌道的小小孩，竟也懂得遵守遊戲規則，不會在紙箱堆疊過程中衝出去搞破壞，反而會跟著老師一起重複說著「等一下」，看著紙箱愈疊愈高也會跟著開心叫出聲，然後坐等最後一個指令，用各自歡樂的方式一起把紙箱撞倒。

一個零成本的小遊戲，考驗著孩子的耐心和專注力，有建設也有破壞，而且獨樂樂不如眾樂樂。孩子們之所以對這遊戲著迷，一是因為紙箱堆疊和崩塌的視覺效果比積木來得震撼，再來是因為孩子要特別留意紙箱堆放的位置，也必須耐心等待他人一起完成。而最後一擊就像是從心底深處炸裂的歡樂煙火，讓孩子大大滿足地畫下句點。

說實話，聲光玩具不單單只吸引了孩子，大人們也很難不臣服。整日在鍋碗瓢盆、公事私事雜事裡載浮載沉的爸媽，都求之不得能有一時半刻的私人時間。於是，就算心裡明白聲光玩具不是最好的遊戲選項，也終究耐不住孩子的要求而購買。其實我非常清楚孩子們對聲光玩具喜愛的程度，理智上也可以接受讓孩子擁有一兩個聲光玩具，但在這裡仍要提醒大家，關於這類電子玩具的三個局限與注意事項：

注意1 多功能的聲光玩具，讓孩子成為被動的觀看者

舉例來說，一個會哭會笑會說話的電子嬰兒娃娃，孩子可以幫忙餵食換衣，哄著入睡，但是孩子的玩法難以跳脫日常生活的劇情。德國幼教師之所以認為嬰兒娃娃應該是中性，且臉上最好不帶有明顯情緒，是認為如此一來孩子玩耍時更能自由發揮。

華德福的嬰兒玩偶甚至只有模糊的五官，看不出任何表情，不像市售的嬰兒玩偶多是帶著笑臉，女生嬰兒娃娃還會在頭髮上特意打了個蝴蝶結來區別。華德

福教育者認為，如果嬰兒帶著笑臉，孩子可能就難以去想像其他的情緒反應，**但在遊戲領域中，孩子必須掌握主導角色，所以愈簡單的玩具，愈容易引領孩子想像各種情境。**因此幼兒園裡簡單的嬰兒娃娃，可以在孩子每日即興發揮的劇情編寫下，化身顧客或病患，角色彈性且自由。

注意2 電子玩具無法取代真實體驗

以家用遊戲機進行運動為例，很多家長覺得不必考慮天氣，在家就能親子同樂做運動，實在很方便。但這充其量只能算身體律動，未達孩子所需的大肢體活動量，無法完全取代孩子在公園裡跑跳、盪鞦韆或爬竿等四肢運動。就算是提高強度的進階版運動遊戲，也別輕忽孩子仍需要去戶外活動，生理和心理健康才得以維持。

同樣道理，很多家長因為孩子愛聽故事就買了故事機，卻發現孩子除了一開始覺得新鮮，後來就興致缺缺。**其實孩子愛聽故事，真正的重點並非內容，言語跟情感間的互動才是故事動聽的原因，就算內容千篇一律也聽不膩。**

注意3 購買電子玩具前，應先考慮是否有可替代的同類型玩具

有些玩具即使外觀受損或配件缺失，都不會影響到小主人對它們的喜愛。一個壞掉的電子玩具，卻幾乎不具任何情感價值，因為根本無法修理或是不值得修理，很容易就會被丟棄。相較於木製玩具或布偶，電子玩具的損壞率高，所以建議家長購買前最好先思考，是否能有可替代的一般玩具。

例如，一台發亮的電子琴肯定能吸引三歲左右的幼兒，但入手一個可敲打的木琴，對這年紀的孩子可能會是一個更好的選項。因為透過抓握和敲打的動作，不僅可以訓練孩子手眼協調的能力，也能增加小肌肉的強健度。

創建華德福教育的史代納（Rudolf Steiner）說過，對幼兒而言，玩具不是如同機械式的死硬，而是有生命的、可動的。簡單的玩具，反而能夠激發孩童想像與創造的天賦，因此父母及教師其實不需要給孩子太多的玩具，尤其愈是精緻炫目的現成玩具，愈要避免。一個簡單耐用的玩具，再加點情感的溫度，就會成為讓孩子百玩不厭，又能深層玩耍的優質玩具。

0~1歲的玩具選購指南

玩具何時初登場？新生寶寶的探索與發現

每回探訪剛臨盆不久的姊妹淘，一踏進新手爸媽精心布置的嬰兒房，就能深深感受到滿溢的幸福感與期待。每個新生命的誕生都象徵爸媽真切的愛與希望，舉凡安撫毛巾玩偶，手搖鈴等玩具，似乎都被列入每個爸媽必買物品清單上。

但隨著孩子會坐會爬，到他們終於踏出人生的第一步，玩具的選擇也跟著變得多樣而且複雜。不只要配合孩子的成長發展，甚至孩子本人也對於玩具有了主見，會想要選擇自己喜歡的玩具。

雖說玩具的主人是孩子，但大人絕對得替幼齡孩子的玩具把關，根據玩具的實用性和安全性來考量。能做到讓父母安心、讓孩子開心的玩具，才是值得購入的好玩具。

0~3個月挑選重點

刺激聽覺

建議玩具：手搖鈴、床頭旋轉玩具

事實上，出生才兩個月的寶寶還忙著適應這個世界，等待感官舒展，此時並沒有對「玩」的明確需求。即便他可能會試圖去抓大人遞到眼前的玩具，但並不具有把玩的能力。

聽覺是兩個月大的新生寶寶接收訊息、認識環境的主要方式。因為此時他們的視覺能力尚未發展健全，所以只能看到簡單輪廓和光影。

零到三個月是所謂的感官刺激期。比起玩具，此時寶寶對爸媽的聲音、觸摸以及面部表情會更有反應。舉例來說，在這個階段寶寶已經有了聽覺的定向能力，會轉頭偏向聲音來源，因此爸媽應盡量跟寶寶說話，或是模仿寶寶發出的聲音給予回應。

因為零到三個月的幼兒並無法同步接收太多感官訊息，所以此時爸媽可以不用急著添購太多玩具，只要幾個手搖鈴和掛在床頭上方的音樂旋轉玩具，其實就已經足夠。

6個月~1歲挑選重點

五感強化，訓練軀幹肌

建議玩具：彩色觸覺球、音樂軟布骰子、堆疊玩具

隨著寶寶的成長變化，身體各個感官發展也跟著提升，寶寶的五感會開始交互作用，幫助他認識與學習自己身體的動作控制。並且已經學會翻身挺坐和爬行移動。

一些細心的家長會在此時注意到，寶寶對手搖鈴和掛著小玩偶的健力架、嬰兒遊戲墊已經興趣缺缺。渾身好奇心在此時大噴發，需要新的刺激與挑戰。

一般來說，如色彩鮮豔的觸覺球，或是會發出音樂的軟布骰子，讓孩子好握好丟。特別是對六個月以上正在學爬的寶寶來說，丟了再爬去撿回來，可以讓他們多爬動來訓練肌肉力量，練習手腦並用。

木製套環和套杯疊疊樂同樣具有教孩子辨識大小、顏色的功能，此外還能練習抓捏等動作來鍛鍊小肌肉。根據我多年來在幼兒園對孩子反應的側面觀察，我認為套環的玩法雖然比較單向，不過中心柱的設計比較有助於幼兒使用，傳統疊疊杯則需要更多控制技巧，才能讓它保持平衡不被翻倒。疊疊杯的額外好處是在

孩子不想堆疊的時候，還可以把杯子當作容器，玩水玩沙玩豆子，練習舀或倒的動作，也可以充當玩具廚房裡的杯具。

上述這兩種堆疊玩具皆非常適合六個月到一歲的幼兒寶寶們，我們幼兒園也有購買不同種類的堆疊玩具。六個月大的寶寶雖然無法釐清物件之間的關聯，也無法精準地將木環套進中心柱，但是小手反覆抓起再放下，就是一個很好的動作練習，他們練習幾個月後就會慢慢學到玩的要領。此外，堆疊玩具有幾項重要功能：

功能1 促進孩子手指動作的協調性

堆疊玩具能訓練寶寶捏握物品並放在合適位置，練習控制手指的握放動作。就算還無法從大到小地正確擺放也無所謂，反覆的抓握動作就是很好的練習。

功能2 發展空間感

堆疊和嵌套的動作，幫助寶寶感知小手在空間上的位置。而一塊一塊擺放上去時的物體位置變化，有利於發展他們對於遠近、深淺，和上下的空間感。

功能3 增強軀幹穩定性

寶寶約莫從六個月開始，會開始學習協調動作，以穩定姿勢自己坐起來。玩推疊遊戲時，寶寶必須在移動雙手時穩定核心肌群，這能練習協調身體保持平衡、強化身軀和腹部的肌張力，讓大小肌肉靈活運作。

©Tom Page / flickr

簡言之，一歲以下的新生寶寶其實真正需要的玩具不多，爸媽或老師可以針對寶寶的發展需要，挑選兩三樣合適的玩具來提升他們的操作能力和認知發展。

兒科醫師經驗談

0～1歲寶寶的哄兒神器，是日常生活中的紙盒、襪子、塑膠袋

時常聽到身邊的家長說：家裡玩具總是不知不覺就變這麼多了，即使每次購買玩具都是經過再三考慮，但幾年下來仍累積了驚人的數量。

玩具會變多，未必是孩子對手邊玩具不滿意。但依我的觀察，在幼兒園裡若把新玩具擺在孩子眼前，幾乎所有孩子都會喊著想要，還不會喊聲的也會迅速移動過來，雙眼圓睜地想搶個好位置，就可以將玩具先拿到手玩。也就是說，孩子們看到玩具當下的那股「想要」向來很強烈，至於這股玩的動能能否持續，我會在心中打個問號。

因此，家長最好從一開始就對玩具嚴格把關，**至少在兩歲前，家長最好避免單純依照孩子短暫的喜好而購入玩具**。並不是說不能買，但大人一定要知道買它的理由。該玩具的功能對於孩子現階段的發展若不是絕對重要的存在，就該毫不猶豫地放回架上。

德國幼兒園待久了，總會有幾位特別熟稔的家長，在漢堡擔任小兒科醫師的

湯瑪士就是其中一位。他是兩個孩子的父親，大小兒子雖然差了三歲，說起來是巧合也是緣分，他們兄弟倆在初入園的適應期都剛好由我負責，而他剛滿一歲的小兒子布諾上個月剛剛入園。

多數德國幼兒園因為採用「柏林適應模式」，新生適應期長達四到六個禮拜，所以頭兩個禮拜，新生家長會陪孩子進入園所適應。這期間也是幼教師與家長互相熟悉，建立信任基礎的好機會。也許是因為身為小兒科醫師，湯瑪士與孩子相處的經驗豐富，他待在園所沒幾天，就受到班上其他孩子的瘋狂喜愛，不只三歲的奈維搶著要跟他玩，有幾次他要帶著當時還在適應期的小兒子回家時，班上一歲的米凱爾還會傷心地哭了起來。好在布諾也還算淡定，對於自家老爸被班上孩子圍繞，他雖偶爾會爬過來討抱以宣示主權，不過並沒有太過激動的反應。

不管在適應期間，或是個別的家長會談，我和湯瑪士除了聊他兩個孩子的學習狀況，也不免會聊到關於幼兒教育的相關議題，小如午覺時間長短，大如無糖幼兒園或雙語教育，而關於這幾年在德國幼兒園被廣為實施的「無玩具運動」，我們也分享了彼此的意見。

我意外發現，他和同為小兒科醫師的妻子瑪麗，在孩子們滿一歲前，竟然不曾主動為孩子添購任何一件玩具。湯瑪士說，除了因為已經從親朋好友那邊收到不少新生兒玩具，最主要的原因，還是他們發現這些針對幼兒發展需求設計的玩具，常常得不到寶寶們的青睞。

「我認為在一歲前，實在不需要特別買什麼玩具給寶寶。因為他們更喜歡玩的，常常是紙盒、襪子、杯子，還有清空我和瑪麗包包裡的所有東西。」湯瑪士笑著繼續說：「這些針對零歲寶寶所設計的玩具當然無害，也確實有其輔助功能，不過這些功能其實也可以被一些日常生活中隨處可見的素材來替代。比如說，其實搓揉塑膠袋、紙袋，甚至是一張烘焙紙，對孩子來說往往就是非常好的感官遊戲，能提供觸覺和聽覺上的雙重刺激。因此我認為市售玩具對於一歲孩子來說，不是絕對必要的。」

湯瑪士的論點，跟我這幾年在德國幼兒園的觀察不謀而合。在漢堡雙語幼兒園一位難求的狀況下，常有爸媽在寶寶滿十個月大時，就送進幼幼班提前卡位，而幼兒園裡滿滿一箱箱的嬰兒玩具，常常只是被這些寶寶一一拿出，把玩個幾下後又冷落一旁。最後真正被搶著玩的，通常是那個用來裝玩具的箱子或盒子。

其實，在針對不同年齡的玩具挑選時，首重是安全上的顧慮，其次是孩子的個別興趣。由於孩子兩歲以前都仍處於口腔期，很可能會把小物件放進嘴中，造成異物梗塞的窒息危險。若孩子的操作能力好，或特別對某些超齡玩具感到興趣時，即便家長能做到全程緊盯陪玩，也很難保證不會有閃神疏忽的時候，為了安全起見，使用時務必遵守玩具包裝上標示的適合年齡。

我必須說，玩具推陳出新的速度之快，花樣之繁雜，想要完整詳盡地一一介紹評比，的確是一項非常高難度的作業。然而，正因為德國幼兒園對於「玩樂」一事的重視，孩子幾乎有一整天的時間都在玩，老師們長期觀察下來，其實很容易就能看出哪些是真正禁得起時間考驗、使用率高的好玩具，以及哪些玩具的設計雖富教育性，卻只能短暫得到孩子的注意力。

寶寶出生後的第一年，就在不間斷的玩耍探索與實驗中度過，但身為父母千萬別忘了，寶寶的所有學習都是因為有了父母的支持與陪伴，才能有最牢固的基石。玩具最多只是從旁輔助，從來不是真正的主角。

1歲以下的寶寶其實不需要特別的玩具，
因為對他們來說，爸媽身上的配件、自己的襪子、
能發出聲音的紙袋、烘焙紙，更具吸引力。

1～3歲的玩具選購指南

強化大小肌肉與手眼協調能力，玩中學的進行式

「只要孩子醒著，我幾乎就一刻也不能放鬆。不管他爬或走到哪，我就得跟到哪。因為他到處摸到處玩，有次浴室門沒關好，就看到他在玩馬桶水。」

相信一定有很多家長對於上述狀況不陌生，隨著孩子長大，他們的行動能力會逐步躍升，不只破壞力十足，還愛爬愛動、愛拿愛丟愛咬。因此在玩具的選購上，除了要注意材質安全，例如是否含有PVC等有害物質、玩具配件是否會有誤吞危險之外，其次必須列入考量的就是玩具的耐用耐玩程度。它，必須不易損壞，禁得起一再拋丟，並且可以讓孩子一玩再玩都不嫌膩，才有資格被列入必購清單上。

若以分齡角度去細看孩子的動作、認知和社交發展，我們或許可以更容易從眼花撩亂的玩具陳列架上，毫無懸念地快速選好玩具，然後結帳離開。德國幼教

界一致認同，多數孩子在三歲前雖然會有一兩個特別喜愛的玩具，但基本上對任何玩具都是張開雙手歡迎的，所以大人只要留意玩具特性對孩子發展有無助益即可。以下扼要介紹動作、認知、社交等面向的成長發展重點：

1～3歲的發展重點

重點1 動作發展

大部分的孩子都是在十二到十八個月大的時候，踏出令眾人歡呼的人生第一步。當孩子走走跌跌了一陣子後，也會嘗試加快速度化走為跑，但正確的說法應該比較像是快走，因為這時候孩子還不能跑得很穩，所以也經常跌跤，需要大人在身邊多留意。

他們的雙臂更有力量了，可以手扶護欄自行上下樓梯，開始喜歡攀爬。精細動作也有更好的發展表現，可以從「五指一把抓」進步到只用拇指或前三指來捏取較小的物品。孩子已經開始能一頁一頁地翻書，也可以自行手握湯匙進食。

滿三歲時，快跑和雙腳離地跳躍對多數孩子來說都不是難事，現在他們開始喜歡挑戰公園裡更高更困難的攀爬架。不過在初始階段，孩子有可能面臨爬得上去卻不知如何下來的窘境。

重點2 認知發展

所謂的認知能力，就是幼兒如何認識自身和周遭人事物的關係。從一歲起，他們開始主動去探索周遭事物，對於各種東西如何運作感到好奇，所以最喜歡玩各種按鈕。他們能藉由觀察他人互動和語言溝通，慢慢增進對日常事物或指令的理解，例如說出門時會主動自己找鞋子要穿。

語言方面，也開始能理解甚至說出一些常見字彙，例如汽車、吃飯、球、身體部位等等。兩歲孩子的語言理解更強了，他們知道的字彙足以幫助他們形成一些淺略的生活概念，例如知道生病了要去醫院看醫生。

等孩子滿三歲，他們的記憶力和字彙量皆有明顯進步，也因此他們的角色扮演遊戲會更有細節：扮演醫師時會假裝用聽診器看診、會拎著包包假裝去購物或是去上班。這時大人若問他們去哪裡上班，孩子已經可以主動連結到一個他熟悉的地點或職業別。此外，他們已有能力將物品分門別類，因此收拾玩具時可以把不同種類的玩具放回各自的收納箱裡。

重點3 社交發展

到一歲時，孩子已經能夠知道自己的名字，也開始會注意到別人的名字，可以用手指著幼兒園的其他小孩，並試著說出姓名。他們雖然仍然偏好自己玩，不過會開始喜歡有其他孩子的陪伴，偶爾與其互動或逗鬧，所以常常是兩個孩子併排坐，但各玩各的。

情緒方面也有更多不同表現，會搖頭表示不要，或是在要求被大人拒絕時會感到生氣。此階段孩子也已經會有模仿大人行為的表現，例如拿著手巾仿效用抹布擦桌子的動作。

兩到三歲的階段，孩子常會有鬧脾氣和反抗大人的表現，這是發展階段重要

的一環，因為此時他們開始體認到自己是獨立的個體。一些新的情緒體驗，諸如生氣、羞愧和緊張，都是他們此刻要認識學習的重要一課。

但另一面，他們也開始會對他人的情緒有適切反應，例如看到別人在哭時，會說出安慰的話。除此之外，他們會開始慢慢懂得是非對錯，看到別的孩子犯錯時會告訴老師；雖然這不代表他們自己就不犯同樣的錯，不過大致上他們懂得遵守生活常規。

我們都知道孩子的學習進度不一，但每年都還是少不了幾位家長詢問自家孩子是否有發展遲緩的疑慮。實際上，我們無法非常精準地做出一到三歲的發展評估，因為孩子在動作、語言或社交發展上的表現並非多方齊頭並進，例如一個十一個月大就學會走的孩子，可能到兩歲時會說的字彙卻還不到五十個。多數情況下，家長或老師只需持續留意並給予孩子鼓勵支持，不用過於焦慮。

1～3歲的玩具推薦

推薦1 移動時會發出聲響的拖拉玩具

孩子約略在滿一歲至十八個月之間學會走路，雖然此時走得仍不太穩，不過他們都很享受自由移動的感覺，因此木製拖拉玩具相當符合一歲以上幼兒的發展需求。這類玩具在孩子拉著棉繩拖行時，會發出喀拉喀拉的聲響，十分逗趣，無形中也鼓勵了幼兒多走動。

我們園所裡原本有兩個拖拉玩具，當初購入是為了鼓勵幼齡新生可以邊拖著玩具，邊探索幼兒園這個新環境。不過我們常常發現，兩三歲的孩子也非常喜歡拖著這些烏龜、蝸牛或是臘腸狗造型的拖拉玩具到處晃，於是幼兒園又多購入兩組這個高人氣的寶寶玩具，可見這玩具耐玩性高，至少一到三歲的孩子都愛玩，是孩子步行探索生活圈的好推手。

推薦2 樂高玩具

相較於傳統積木，樂高積木的特點在於它的組合富有變化，困難度也高一點，能有效強化孩子的精細動作和手眼協調的能力。即使是剛滿一歲的孩子，在大人的陪同之下，也可以不費力把玩初階入門版的得寶系列（Duplo），無須太多導引，光是組合和拆卸兩個動作就可以反覆玩上好一陣子。

兩歲以上的孩子更是能玩出門道。雖然他們一開始可能只是將大小不一的樂高積木一塊塊疊高，堆得愈高愈大就愈開心。下一步，孩子會開始嘗試更進階的做法，建造時會發揮空間感打造隔間，藉著幾個規律形體的積木反覆拼接，他們可以自行創造出想像中的農舍或高塔。在幼兒園裡，我有時候會看到並列玩著樂高的兩個孩子，原本各玩各的，突然交頭接耳一陣後，一起策畫「大型建案」，協力建造出想像藍圖裡的建物。

推薦3 動物組合、汽車組合

一到三歲是語言學習的大躍進時期，各種主題式的玩具可以在此刻登場，幫助孩子認識各種字彙。當孩子拿到動物或汽車時，不僅僅是想玩，同時也想練習說，所以很需要大人坐在地板陪玩，學習才能事半功倍。動物和汽車組合還有一個特點，就是兩者皆鼓勵孩子模仿特定聲音或叫聲，讓他們可以藉由不同發聲方式，來提升對語言聲調的敏感度，這對語言啟蒙期的幼兒來說是很好的練習。

當初入園時才剛滿一歲的亞倫，動物組合是他的最愛，那時還不會說話的他，卻已經學會十來種不同動物的叫聲或動作；到了兩歲，他已經知道動物組合叫做「Animal Set」，所以每次要玩的時候都會跑來跟我說。這件動物玩具組合我已經陪他玩了一年多，現在兩歲半的他每天玩也玩不膩，當然也學會了好幾種動物的德文、英文說法。

我記得有一回我正在忙，拿了動物組合的箱子給亞倫就要離開，結果他非常生氣地在地上打滾。在那幾秒鐘的時間，我不知道為何給了他要的玩具卻還是生氣，便坐在一旁等他生完氣滾夠了再來處理。

亞倫看到我坐下來，氣似乎就消了一半，手中拿著海象到我面前，用德文問我「這是什麼動物？」。這才提醒了我，孩子一歲時可能只要拿到喜歡的玩具就會很開心，但兩歲之後他們對學習有更多的渴望，想要知道更多東西的名稱或生活知識。所以家長和孩子的地板遊戲時間（Floor Time）非常重要，不管是樂高積木、動物或汽車組合，都很適合親子坐在地板上一起同樂。

礙於空間和預算問題，許多幼兒園或早教機構必備的玩具，不見得適合一般小資家庭購入。然而，從玩具的角度來觀察德國幼兒園，卻是一個很有趣的切入點。「自由玩樂」是德國幼兒園裡一天的重頭戲，所以校方在玩具選購上時，向來秉持一個最重要的大原則——玩具本身能做什麼不重要，重要的是孩子能夠玩出多大的可能性。

幼兒園幼幼班必備的大型玩具設施

若以幼兒園學齡做個簡單畫分，從小班（三歲以下）到中大班（三歲以上），我認為有幾個大型玩具或教具，絕對值得幼兒園在做班級教室規畫時列入考量：

推薦1

皮克勒三角攀爬梯

小小孩的體感鍛鍊場，爬得開心更要摔得安全！

德國幼兒園其實融合了歐洲不同的教育流派，來自匈牙利的皮克勒育兒法（Pikler Apporach）也是其中之一。此一學派強調，孩子的主體性應該從嬰兒期便開始建立，強調成人何時何地都須以溫和且尊重的態度對待嬰兒，因此反對任何一切妨礙孩子行動自由的設施，如嬰兒床、高腳椅（因為必須靠大人幫忙才能行動），或是學步車（必須仰賴外在的輔助來行動）。他們相信，給予孩子完全的探索和行動自由，能強化他們的自主能力。

三歲以下的孩子正是忙著爬上爬下的階段，不管能力是否足以攀上眼前的高塔，冒險天性驅使他們先試了再說，不知「害怕」為何物，時常看得爸媽膽戰心驚。但我們清楚知道無法要求孩子別爬，只能提供相對安全的攀爬環境給他們。

皮克勒攀爬架在國外幼兒園是非常普遍的教具，雖然看起來體積頗大，但只要把兩側的大螺絲轉開來，就能摺疊收進櫃子裡。每次拿出來，孩子都像第一次使用時一樣開心，永遠不膩。因為孩子們知道，這是在幼兒園室內唯一能讓他們

盡情攀爬的器材。在皮克勒攀爬架上，即便孩子爬到最高點，離地面也不過才九十公分的高度，因此萬一不慎小手沒抓牢而掉了下來，也不至於會嚴重受傷。

之前在我第二本書《德國幼兒園的小小孩自我表達課》中曾提到一個當時還只有十一個月大的幼兒寶拉，她不會走但又不太肯爬，總是扶著牆或桌椅來移動，幸運的是她竟然沒怎麼大摔過，滿一歲前很快就學會了走路，寶拉也保持著她「勇往直前，做了再說」的性情。但是等到寶拉滿兩歲，能走能跑了，我和幾位老師都注意到寶拉雖然勇於嘗試，卻幾乎沒有「判斷危險」的能力。

有一回她自己攀上了滑梯，照理說她會順著溜下來，但那天她卻不知道為什麼突然轉了向，一手抓著桿子，就想從滑梯另一頭設計給大孩子的鐵桿順著溜下來。我無法相信她是認真的。以那樣的高度，她兩歲的小手根本沒有足夠撐住全身重量的肌力，讓她可以滑下來。站在遠處觀察的我提高警覺快步向她走近，她看到我走過來，竟然還揮揮手想攆我，嘴裡急著說：「凱特走開！」

我忍不住立刻制止她，因為這一摔，可能不只鼻青臉腫這麼簡單。放手讓孩子嘗試固然重要，但大人仍要拉好安全的警戒線。於是我對她說：「這是給大班的孩子使用的，請妳從滑梯溜下來，不然妳會受傷。」

她聽了有點猶豫，但小手仍緊抓著桿子沒死心。也許我一走遠她便會改變主意，乖乖地從滑梯溜下來。我沒辦法去賭她不會試圖拉著鐵桿就往下跳，可是也不可能全程只守著她一人，只好下最後通牒：「寶拉，凱特知道妳想滑下來，但這裡太高了。我不希望妳受傷，所以請妳從滑梯溜下來。如果妳不能遵守使用規則，就不能玩滑梯。」

這也許不是一個最好的說法，但就算我能夠看前顧後的幫她排除危險，也不是長久之計。如同我之前書裡所提及的：**我們不可能時時刻刻都在孩子身邊，如果孩子終究要摔要跌，至少得讓他們知道怎麼摔怎麼跌才安全——而這種能力，需要日日頻繁的練習**。一般來說，公園裡遊樂設施的適用年齡範圍都太廣，少有針對幼齡孩子高度為考量的攀爬設計，所以幼幼班的孩子不是腳不夠長，爬到一半就蹬不上去，就是爬上去了卻沒能力自己下來，到最後常常是老師親自爬上去把孩子從高處救下。

幾位老師在開會時針對寶拉的狀況提出討論，我們都認為愛挑戰是孩子的天性，以安全為由一再制止孩子挑戰其實行不通。畢竟，這是一個開始喜歡凡事自己來，熱愛挑戰的階段，但有時候孩子仍無法準確判斷安全界線。所以此時大人

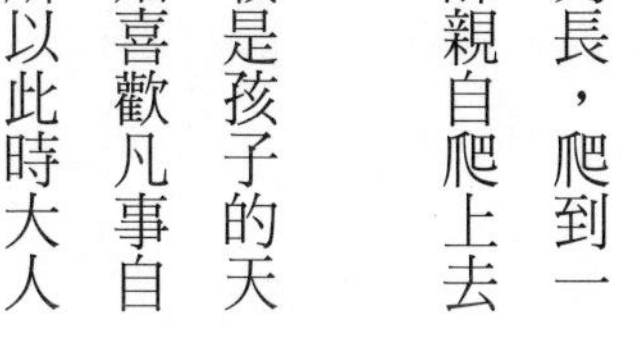

需要給予的支持就是在安全範圍之內鼓勵孩子多去嘗試。就算要摔，也要知道怎麼摔最安全，在一次次的跌跤裡去學到經驗法則。

大人總出於本能地去保護孩子不要受傷，忍不住在孩子摔到之前就抓住他們。但不管要學會走路還是爬高，從每一次的摔倒中學會認識自己的身體極限，這對孩子來說其實是一段必要的過程。

集思廣益之後，我們跟學校申請了購買皮克勒三角攀爬梯，作為孩子爬上爬下的密集練習設備，讓他們在安全的高度上能夠爬得開心，摔得安全。

推薦2 大型軟墊積木組合

讓孩子打造自己的Baby Gym，玩累了還能直接躺著睡

這個教具是由數個擁有幾何形狀、大小高低不一的體能軟墊組成，德國比較知名的品牌是JAKO-O（野酷）。它的體積雖大卻非常輕巧柔軟，兩歲的孩子可以雙手輕易抱起一塊大軟墊。

它提供孩子全面性的身體肌肉發展鍛鍊，不論是爬、跳、翻滾、肢體協調，

甚至拋丟的大肢體動作。幼兒能夠藉由各種體能軟墊打造出他們自己的健身房（Baby Gym）。在柔軟厚實的軟墊上，不論孩子想爬、想跳，都非常安全，是個鍛鍊大肌肉的絕佳場域。一些班上剛滿一歲的孩子，即使還沒辦法做出太多動作，不過他們常常坐在有點高度的大軟墊上，左搖右晃當作搖椅也能玩出大樂趣。

我非常喜歡這個器材，因為它同時具有積木的開放性玩法，能建設又能破壞，孩子搭造時可以發展出空間感和想像力。只要一拿出來，孩子們可以輕鬆玩半個小時不想離場。他們有時會拿方柱或圓柱當作汽車，或建造一個休息角落。

教育學裡常常引用的「鷹架學習理論」（Scaffolding Theory）指出，當孩子學習一項新技能時，家長或老師的引導角色只是階段性的：我們必須觀察孩子的學習需求，在需要協助時，搭建層層鷹架給予學習上的必要協助；然而，**大人只是孩子學習路上暫時性的引導角色，必須視孩子能力慢慢收回協助，為的是讓他們發展自主的學習態度，獨立完成目標**。德國幼兒園相信，遊戲是孩子一切基礎學習的主要媒介，因此過程中大人給予「對的玩具」十分重要。至於該怎麼玩，要怎麼玩，只要安全無虞，不妨就留給孩子們去動腦筋吧！

4～6歲的玩具選購指南

獨樂樂到眾樂樂的進化玩法，社交能力大躍進！

德國不少幼兒園皆設立混齡班級，他們稱之為「family group」（家庭班），顧名思義就是小至一歲的幼兒，大至六歲的孩子都同在一班。不少德國人認為，家庭班的好處是讓小小孩在學習上有了可以仰望的對象，會更有學習動機，進步得也較快；至於大孩子也能在較無壓力的狀況下，學習去照顧班上需要幫忙的孩子，對於大小孩子的社交發展皆有助益。

可想而知，家庭班的所有玩具皆是全齡適用，雖然基於安全考量，並不會選擇過於細小複雜的玩具，以免幼齡孩子誤吞零件，但是該有的玩具都有，例如積木、拼圖、嬰兒玩偶等等。至於沒有家庭班的德國幼兒園，在購買玩具時大多也是奉行其法。因為德國人相信玩具使用上固然會有難易之別，但是只要玩具擁有開放性玩法的特性，那麼不管孩子到了幾歲，一定都能玩出樂趣，不易過時。

大致上，德國的「中大班」是三到六歲的混齡班級，因此德國幼兒園的玩具分齡無法大刀闊斧地簡單分切。大部分三歲以下幼幼班所具備的遊戲元素，升上中大班後也依然存在，只是成了難度進階的延伸玩法。幼幼班有的汽車組合、樂高Duplo，到了中大班就變了精密的火車軌道組合、樂高Juniors。孩子們並非玩膩了，而是蓄勢待發想迎接新挑戰。

4～6歲的發展重點

重點1 動作發展

此時孩子已能輕鬆的單腳、雙腳跳躍，有更好的攀爬技巧和平衡技巧。到了六歲時不只能夠快速奔跑，甚至也能運用「腳趾接腳跟」的方式來倒退走直線。

而在精細動作方面，孩子已經可以熟練使用剪刀，拿筆寫字也比較穩。德國的孩子在上了中大班後，一項大作業就是學會自己綁鞋帶，每天晨間律動時間，幼教師都會選一個孩子練習綁鞋帶，訓練他們的手眼協調和增進小肌肉發展。

重點2 認知發展

此時孩子已有將物體更精確分門別類的能力，可以依照顏色、大小、形狀來輕鬆分類，例如可以在幾張交通工具圖片中選出不相關的水果圖片，或是把盤子和刀叉配對、鞋子則和襪子配對。

空間概念上，除了知道上下、裡外，也會分左右，具有較好的方向感。這一階段幼兒園會開始教孩子認識時間長短，學會看時針秒針，孩子也能清楚表達說出早中晚的活動作息。

重點3 社交發展

此時具有較好的情緒控管和獨立自理的能力，發生衝突時會以溝通來解決紛爭，或懂得進一步尋求他人協助。孩子大致上能理解規矩建立背後的原因，並切實遵守，對錯的概念也畫分得很清楚，所以對違反規則的人可能會予以糾正。

這年紀的孩子會選擇玩伴，懂得對別人表示關心，開始有固定一起遊戲的好朋友。這年紀的孩子喜歡與朋友一起進行想像遊戲，所以四歲以後的角色扮演遊戲方式，會變得豐富且有簡單劇情走向，也會主動組織團體性的遊戲計畫。

幼兒園中大班必備的大型玩具設施

台灣的多數幼兒園因為有制式課表，每天的課程內容早在學期前就已經規畫好，玩樂這件事僅被視為孩子們休息時的娛樂，因此在規畫教室用途時，並未把「玩樂」列為重要考量。教室裡除了課桌椅、一箱箱的玩具，最多再加上玩具廚房和室內的球池滑梯——雖然孩子擁有玩樂的器具，卻總是少了些氣氛。

德國幼兒園則有獨立的指定教室，提供孩子進行不同的遊戲活動。以我們幼兒園來說，分別有積木及樂高建造堆砌區，閱讀沙發區、美術教室、四季更衣室和木製廚房。教育學著名的瑞吉歐・艾米利亞方法（Reggio Emilia approach）主張：設備完善的主題教室是幼兒園裡的「第三位老師」。每間明亮舒適的教室裡，充滿了友善且溫暖的氛圍，配置有安全且完整的輔助玩具或器具供孩子自主發揮，而隨興隨意，常常是創意的原料。

每一個特定區域，都設有各自獨特的玩樂基調：在藝術創作教室裡，孩子們換上工作服便可以盡情揮灑顏料，不怕沾染到衣物；木製廚房一旁設有可愛的咖啡餐桌椅，讓孩子一走進來，就成為準備佳肴來宴客的小主人，以期待的心情迎接訪客；燈光溫暖的沙發區則讓想安靜看書的孩子，有個鬧中取靜的一隅。

推薦1 開放式玩具廚房

不只是煮菜！腦內劇本寫不停，社交模仿大躍進

雖然幼兒園裡的孩子一整天幾乎都在認真執行玩樂這件事，但是戶外活動的時間往往就占了整個上午，等到回到幼兒園，用完午餐或等午休時間結束時，孩子可能只剩半天不到的時間，可以選擇要玩什麼。乍聽之下，讓孩子玩上半天的時間，以台灣家長的標準可能會覺得綽綽有餘——不過，請各位試想一下，這就好比我們只有半天的時間去迪士尼樂園，每樣都想玩，可是每樣都要排隊，如果老師不做任何安排，孩子就得要學會「快狠準」地下決定。他們不只要看準目標，還得找齊玩伴，不然就會面臨「熱門遊樂設施」一直都在使用中的窘況。

以大型玩具而言，玩具廚房堪稱是歷久不衰的人氣王，幾乎是人人兒時不可或缺的玩具之一。德國幼兒園擬真仿造出連大人看了都要驚呼的開放式廚房，不只有餐桌、會發亮的電子火爐，房間角落還有張嬰兒床和沙發椅。不管是假裝大人在廚房備餐給小孩吃，還是泡咖啡招待遠道而來的訪客，一走入玩具廚房的主題教室，孩子腦中就會自動寫起劇本，即興發揮。

玩具廚房之吸引三歲以上的孩子，在於它雖是一個生活化的日常場景，卻又常被大人以安全為由限制其出入。孩子觀察爸媽在廚房裡進出忙碌的身影，不管是烹調時的動作、需要的食材器具、如何擺好刀叉餐盤等細節，無一不深印在孩子的小腦袋中。而玩具廚房提供了一個氣氛相襯的遊戲場域，讓孩子將每天所見模仿出來，除了動作神情以及與情境相符的對話，透過與玩伴積極互動，對孩子的語言發展和社交能力均有極大的幫助。

四歲的里維，每早抵達幼兒園後做的第一件事，通常就是直奔玩具廚房。里維媽媽說：他們夫妻兩人都愛好烹飪，或許是從小耳濡目染，讓里維在家時也喜歡待在廚房。但因為早餐時間通常不會開火煮食，所以他們常常在週末早上讓里維一起準備早餐，例如讓他幫忙清洗蔬果，或是使用奶油刀來切小火腿等等。

顯然，里維在幼兒園的玩具廚房更能隨心所欲地大展身手。看他一邊忙著煮濃湯，一邊喃喃自語地說著放進湯裡的食材，洋蔥、番茄、蔬菜的軟布玩具，此刻是不可或缺的美食元素，切碎放入大鍋裡。里維眼前的濃湯彷彿正熱騰騰地冒煙，他假裝小嘗了一口，煞有其事地評論說「很美味」。

四歲的夏洛特沒多久也跑進廚房來，她左顧右盼了一番，像在找什麼東西似的，接著拿了個手提包，對著里維說「我去買菜，馬上回來」，里維馬上順著搭話說：「我們需要紅蘿蔔。」

等夏洛特繞了一圈回來，說她剛剛去了趟超市，而里維還在廚房裡兜轉著。

夏洛特湊過去提了個建議：「加一點牛奶，好嗎？」

里維馬上回說：「一點點就好，不要加太多。」

我在一旁觀察孩子們在玩具廚房玩得起勁，里維突然問了句「凱特，要喝咖啡嗎？」，我點頭說好，接著就看到他煞有其事地打開水龍頭，嘴裡發出水流聲的音效，在咖啡杯裡攪了幾秒，便端出這杯「極速咖啡」給我，還提醒我「很燙，要小心」。

「角色扮演」是孩子發展階段的一個重要能力指標，孩子不只需要基本的溝通能力，再來必須對不同的角色設定有基本認識，才能在遊戲的過程中跟上情境台詞一來一往的節奏。

不同的角色，代表不同的視野觀察，不管是當餐廳老闆，或是在自家廚房裡準備大餐招待客人，不僅對孩子社會化有啟發作用，更是培養社交能力的練習場域。夏洛特簡單一句「我去買菜」，就毫不費力地把自己寫入里維的劇情裡，而里維也能適時呼應玩伴的訊息，就是社交能力的展現。

角色扮演不是唱單簧，所以孩子有時必須等待，不能光顧著想自己怎麼演，有時也需靜待對手先出招，再給予相呼應的演出，這齣戲才能唱得下去，也演得精采。

了解孩子不同年齡對玩的需求，重質不重量，在幼兒園的空間設計上若能將玩的概念具體化，就能讓每個角落都變成活化全身玩樂細胞的場域。讓好玩具各得其所，不受干擾，才得以全力發揮其不同本領，達到邊玩邊學的最大目標。

推薦2

扮裝衣櫃&大舞台

孩子們的閃耀時刻！讓孩子探索夢想中的自己

根據知名兒童心理學家皮亞傑（Jean Piaget）的認知理論，從兩歲開始，孩子會出現大量象徵性的遊戲方式，例如拿積木當作電話，或是拿掃把當作馬等等行為表現。到了三歲以上，這個角色扮演的表現方式會因為動作、認知、社交、語言發展的持續進步，而變得更為精細複雜。因此這階段的玩具最好能滿足他們模仿各種情境的需求，例如玩具廚房、或是掛滿道具服裝的試衣間和大舞台。

德國幼兒園在角色扮演上的玩具和服裝準備上，涵蓋了三個範圍：

❶ 職業角色扮演

幼兒園裡的試衣間有各行各業的制服和工具。除了警察制服、醫師袍和聽診器，也有建築工人的背心和安全帽，甚至是超市裡的收銀機。扮演不同職業角色可以幫助孩子建立換位思考的同理心，並學習尊重不同職業。

❷ 生活角色扮演

我們幼兒園提供了手提包、購物籃和各種生活情境裡頻繁出現的物品。例如園所裡使用多年的無線家用電話，因為不堪使用而需淘汰時，只要外觀按鍵無明顯損壞，我們會留在幼兒園裡當作電話玩具，孩子們都非常喜歡使用它來做角色扮演。

❸ 想像角色扮演

兩歲的孩子換上獅子表演服可能只懂得學獅子吼聲，但三歲以後的想像角色就不止局限於動物。他們除了明確知道角色的特徵外，有時還會自己研發出新的超能力，幼兒園也盡量在孩子的想像力延伸上給予更多支持，提供各種天馬行空的想像角色讓孩子自由發揮，例如超人服、獨角獸、中古騎士、公主服等等。

對幼兒園中大班孩子來說，整個世界都是他們的大舞台。五六歲大的孩子已經可以在想像和現實生活間輕鬆遊走，幾個大女孩們成功演出《灰姑娘》時，會清楚知道現實生活中南瓜變不了馬車，而馬車也不會飛上天。

他們發展成熟的社交技巧也會應用在角色扮演中，不只喜歡當劇情裡的演員，還喜歡當編劇甚至是主導全場演出的導演，其中最大的樂趣在於從彼此互動中，找出一同策畫完成的成就感。所以一走進舞台教室，你可以看到一堆七嘴八舌的孩子們正在進行各種討論，小如道具台詞，大如劇情和角色的演出方法。他們也很常把在說故事時間聽到的故事加以改編演出。

我以教務長身分參加教育研討會時，曾經拜訪過不少不同體系的德國幼兒園，才知道不管是不是無玩具幼兒園，幾乎每一個德國幼兒園的中大班教室都設有舞台。這些舞台尺寸有大有小，有些較大規模的幼兒園還加進了手拉式的舞台布幕設計。德國幼教知道幼兒園學齡的角色扮演，對培養孩子深層認知能力至關重要，因而努力營造不降溫的玩樂氣氛。

演員們要上台前，基本的治裝梳化自然少不了，因此我們幼兒園的舞台旁還有一個令人驚嘆的「夢幻四季試衣室」，班上過半的大女孩們都為它傾倒。試衣室空間寬敞，色調柔美，雖是為了「兒戲」，設計上卻絲毫不馬虎，一旁還添了兩把質感出眾的沙發椅。當孩子試衣時，可以邀請三兩好友坐下來一起討論，七嘴八舌地互相給意見。

衣櫃裡的藏衣豐富，件件都是幼兒園費盡心思的上乘之選。除了女孩們愛不釋手的大蓬裙、古典的蕾絲洋裝，還有粉紅獨角獸的表演服裝，此外獅子、斑馬、老虎等動物服裝也不在少數。除了這些，動畫《可可夜總會》裡的骷髏裝現在可是大男孩圈中的人氣款式。

孩子今天扮演海盜，明天依然能以公主姿態現身，舉辦一場庭園下午茶。以無窮的想像力當作燃料，孩子一旦玩起扮家家酒，常常就花上整個下午的時間，那天在四季試衣間，四歲的湯妮從衣櫃挑了喜歡的衣服裙子換上後，在一旁的連身長鏡裡左看右看，又戴了一頂度假風十足的白色大草帽，接著把好友艾瑪也拉過來，兩個人互相評頭論足了一番，湯妮突然說：「我無論如何都還是需要個紅色的手提袋。」

而另一頭五歲的理查換上醫師袍，表情認真地戴上聽診器，對著病人里昂說「沒大毛病，多多休息就好了」。里昂正要走下舞台退場，下一個病人吉米就準備亮相，但才走沒兩步，就被身兼演員和導演的理查出聲糾正：「你不可以馬上進來，要等上一個病人離開後，敲門等我說好才行。」

約莫從三歲開始，孩子會熱衷於不同的角色扮演，以眼裡所見的日常觀察，他們知道不同角色會有不同的行為對應。換上戲服後，做出配合的肢體動作，用大腦裡即時搜尋到的適切語言，進行一場無腳本，卻又恰如其分的演出。**扮家家酒不止有助於提升認知能力和語言發展，對孩子的自我探索也是相當重要的一環**，不同裝扮的自由演出能讓他們體認一件事：自己喜歡的樣貌，自己定調。

愛因斯坦曾說：「邏輯可以把你從A帶到Z，想像力則可以帶你去任何地方。」

孩子在布置與氛圍兼具的遊戲間玩扮家家酒，彷彿是愛麗絲踏進了夢遊奇境，與神奇的想像魔法共舞，化身為千百種角色。此時擁有的超能力不須害怕失去，因為它在心中播下了「夢想」的種子。

Kids! It’s your time to shine!

Part 3

玩具無罪，快樂有理！

發揮玩具的正確影響力

玩具極簡時，更能加深孩子與每個玩具的羈絆，學會愛物惜福；讓孩子無偏見地自由選擇玩具，必要時大人才從旁引導，孩子才能自由長成自己喜歡的模樣，做個獨立自主、快樂而有同理心的人。

不只是遊戲，玩具教會孩子的重要課題

「愛物惜物」的第一課，就從珍惜玩具開始

有人說，現代的摩登小孩將眼前衣食無缺的便利生活視為理所當然。反正東西舊了總是有新的會來，不管是吃的還是用的，孩子們被全面嬌寵著，不懂惜物，不知感激。

文明的突破與進步，使孩子在許多生活的環節下難免脫鉤。就算是個明白事理的孩子，聽著爺爺奶奶說起以前砍材挑水、物資缺乏的生活，也因為生活差距太大，不見得就能實際領悟「珍惜」的意涵。然而，若要讓孩子體會愛物惜物的重要性，我們可以從孩子的生活面著手努力起，也就是他們最在乎的「食物」跟「玩具」。

以吃的方面來說，現代食材取得容易，價錢也更便宜，無所不在的便利商店

和街頭小吃，使得台灣的外食比例人口逐年攀升，三餐都在外頭吃的孩子不在少數。現代許多家長從學校或安親班接了孩子下課，回家路上簡單吃了晚餐，不必擺碗筷也省得收拾，吃完只要記得付帳這件事。但是不管是在德國或台灣，爺爺奶奶那一代餐桌上的所有食物，從食材到烹飪都是靠一己之力完成的，再對照時下孩子只要動動手指，就可以靠手機裡的ＡＰＰ下單讓專人送餐到府，我們樂見科技進步帶來的便利，也應該時時警惕其中得失。

一切回歸原始生活自然沒有必要，不過適度讓孩子參與過程，能更有效地讓孩子深入了解不同食材，在準備食物的過程中降低對陌生食材的心防，而且透過「付出」而得來的果實也總是特別甜美。

除此之外，至少對幼兒園學齡的家長來說，不管是父母在家自行料理三餐或上餐館打包外食，家長仍有責任替孩子的餐點做第一輪的營養把關，將食物的營養均衡列在孩子對食物的喜好之前。也就是說，不是只有孩子喜歡的食物才端上桌，外食的時候也不能總放任孩子點炸雞薯條。外食頻率高的家庭，則更須留意是否無意中助長了孩子「只吃我喜歡的食物」的偏食習慣。

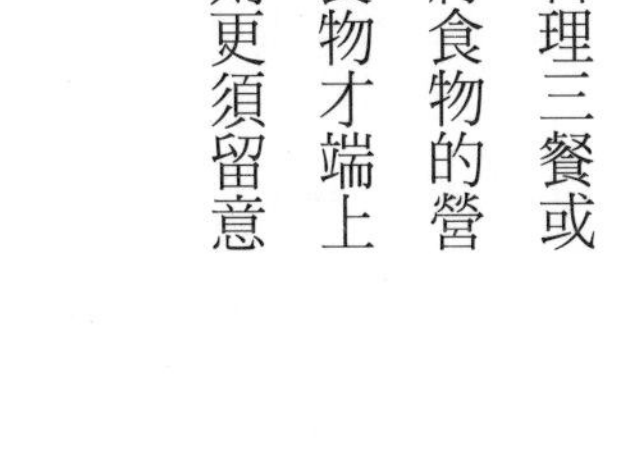

德國老師經驗談

食物和玩具都不能過度，適度的飢餓訓練可以防止厭棄心態

以德國幼兒園的早午餐和點心時間為例。我們幼兒園的習慣是早餐由家長各自準備，而午餐我們則會固定向採用有機蔬果的餐廳訂購，由專人定時送餐點到幼兒園。我剛到這所幼兒園工作時，在觀察某個孩子的飲食喜好一陣子後，曾經向孩子的家長建議：「他早餐盒的蔬果棒每次都沒吃，只吃餐盒裡的麵包，要不要考慮換些不一樣的早餐呢？例如優格？」

「我知道他很有可能不會吃，」這位德國媽媽聳聳肩笑著說，「但我不會放棄的。」

她的堅持讓我明白一件事：**我們可以留有空間讓孩子做選擇，但是不能過度在乎孩子飲食喜好，而放棄均衡營養攝取的目標。**孩子若從小只被餵食偏好的食物，自然很難養成好的飲食習慣。

德國幼兒園裡的午餐內容是統一由老師先篩選過，我們幼兒園每隔一週是素食週，該週每天提供素食午餐，非素食週也是一週最多三天有肉食。午餐時，兩歲以上的孩子可以自行取用主餐分量，前提是要吃完。萬一剩很多沒有吃完，幼

教師不會硬性強迫孩子完食，只是那天孩子就不再享有「自由拿取」的權利。配餐的沙拉和蔬果也放在桌上任孩子隨意取用。當孩子吃完後再要求第二份主餐時，老師會要求他們至少吃一根蔬果棒或一口沙拉，不能只挑主餐吃。孩子若堅持不要吃，我們不會強迫進食，不過他們也就不會得到第二份午餐。

我也遇過有些孩子不吃不合口味的主餐，一直啃著蔬果棒來止餓，甚至有孩子執意不進食，來表達對午餐的失望。遇到這類情況，德國老師們也只會淡定地說：「我猜你可能現在不餓，沒關係，你可以等到點心時間，也許會有你想吃的東西。」

在台灣工作時，我常看到幼教師身旁總是站了兩三個吃飯特別慢或是挑食不吃的孩子，老師們總是煞費苦心要孩子把討厭的食物吞下肚，因為家長會怕孩子挨餓，忍受不了孩子一餐沒吃。

然而，如果讓孩子養成良好且均衡飲食習慣才是最主要的目標，**我認為比起讓孩子半吞半吐地吃下大人決定的分量，不如試著讓孩子自己決定午餐內容有沒有難吃到寧願餓上一頓，或挑戰吃個一口青菜嘗嘗味道，但是吃多少自己決定。**

拿多少吃多少，孩子會更容易接受不同食物，也會因此內化「珍惜食物」的習慣。另一方面，家長和老師也可以把相對簡單的備餐工作分配給孩子，所有過程中的辛苦付出和汗水，一點一滴都會引導孩子去珍惜。

我記得小時候媽媽偶爾會做蛋糕，那時家裡還沒有自動打蛋器，做了幾次後媽媽跟我們四個小孩說：「一個人做太累了，這個蛋白打發很費勁，你們如果可以幫忙，我就烤蛋糕，不願意出力的話就沒蛋糕吃。」

於是，四個小孩輪流接力，不分大小都得來打發蛋白。等到蛋糕烤好後，香味四溢的蛋糕迅速就被分食完畢。我想我人生中沒有一次吃蛋糕吃得如此小心翼翼，深怕掉了一小角在地上沒吃到。我們四個兄弟姊妹就算都已各自邁入而立及不惑的人生階段，偶爾在餐桌上提及此事，大家還是對小時候合力做蛋糕的事情記憶猶新，笑聲連連。

有次我在家長會上跟大家分享這則故事，我向中大班的家長們建議有機會不妨一試，不要只想著餐桌上要端出孩子愛吃的，偶爾也要求孩子想吃的話也必須出點力。後來有家長聽了建議，某個週末孩子要求做漢堡，他給了個附帶條件是全家必須一起幫忙。於是，這位爸爸一早帶孩子去肉販攤上買牛絞肉時，孩子在一旁看到還急著喊：「這不是漢堡肉啊？漢堡肉是一塊圓圓的。」他苦笑著向孩子解釋，漢堡肉要跟其他洋蔥和雞蛋等食材混合後拍打才會完成。一回到家，孩子洗了手，學著爸爸攪拌著配料，再拍打成小肉團。等到漢堡完成後，孩子不只吃得飛快，還很驕傲地告訴弟弟說漢堡肉是他做的。

說聲謝謝很簡單，但若要孩子心底切實體悟「珍惜」二字，某種程度上大人得平衡孩子對事物的飢渴感，**在「想要」和「如何得到」之間，提供一個讓孩子能付出努力的橋梁，而不是孩子要了就給，不要的就換到孩子可以接受。**

「玩具」也是同樣的道理，常常聽到友人抱怨說，家裡孩子不懂得愛惜物品，之前吵著非它不可的玩具，到手沒多久就棄如敝屣。幾次柔性勸導無效之後，大人也試著使用強硬手段，例如告誡孩子不好好珍惜玩具，就丟掉或送給別人，卻發覺孩子竟然也不痛不癢，無所謂的表情似乎在說「反正舊的不去，新的不來」。

我通常會告訴家長，丟不丟玩具不是重點，就算在玩具被丟掉的當下孩子哭

喊著不要，過些時日也會忘得一乾二淨。因為只要大人給予的玩具數量太多，或者孩子太容易取得新玩具，根本就不會記得自己擁有了些什麼。換言之，他們無法體會擁有時的美好，失去也看似不會有任何不便，因此很容易故態復萌，不知「珍惜」為何物。

德國父母經驗談

爸爸的玩具變成孩子的玩具，成為最佳的身教典範

每天早上，總有幾個孩子帶著心愛玩具到幼兒園，按照園所規定他們可以在幾分鐘的時間內，帶進去展示一圈給老師和其他小朋友們看，但不可以帶入園所玩。有次，班上四歲的文生進園時，手上拿著一台小古董模型車。因為我哥哥小時候也有好幾台類似的模型車，讓我覺得分外親切，便問了句：「好拉風的古董車，是你的新玩具嗎？」

「不是，是爸爸的玩具。」文生說。我看了文生爸爸一眼，他隨即解釋說：「正確來說，是我爸爸給我的玩具，我再送給文生。」

「原來如此，」我再瞄了瞄孩子手上的那台車，「它看起來狀況很好，一開

始我還以為是你給文生新買的玩具。」

文生爸爸回答：「我非常愛惜這台車，除了我之外，幾乎不讓任何人把玩它。文生也是費了一番功夫才得到手。」

原來，這台古董模型車的第一代主人是文生的祖父，他是個汽車模型的收藏愛好者，文生爸爸小時候開始對汽車著迷時，也常吵著要玩那些車子，不過從三歲吵到六歲，直到他確實學會如何使用和清潔這些模型車後，才總算得到其中的一台。

「我沒我爸那麼嚴格，」文生爸爸笑著說，「不過交車之前，我請他每個禮拜用除塵刷做清潔，一個月都能確實做好，我才相信他會好好愛護這輛車，而他竟然做到了，可惡！」

以上雖是玩笑話，不過可以看出文生的爸爸對這台有點歷史的模型車十分珍惜。我常說，如果大人想要教會孩子一件事，最好的方式就是從自身做起。同樣的，如果我們對於周遭物品不懂得惜物善用，這種態度便會進一步影響孩子。

每次我看到有孩子緊抱著缺眼的泰迪熊，或是看來灰灰舊舊的娃娃時，都可以感受到這些玩具主人對它們的寵愛。每個東西有其使用年限，玩具久了難免會

發生折舊或損害的狀況。我建議家長，當孩子玩具出現小問題時，可能的話不妨一步一步指導孩子去修理壞掉的玩具，而不是接過手修理完畢再還給他們。**就算孩子能力不足，也盡量讓他們在修理玩具時站在一旁觀看，修理完再解釋玩具的正確使用方式，要求孩子對自己的玩具負起最基本的責任。**

德國父母經驗談

使用舊品或瑕疵品並不丟臉，反而讓愛永續

就算物品或玩具無法修理或恢復原有狀態，德國人也不輕易購買新品來替代。**他們認為物品損毀或有瑕疵並不影響使用，只要堪用就不會輕易丟棄。如果玩具損壞了，孩子就得在這種情況下找出另類玩法，而非重新買一個。**

因為我們是私立國際幼兒園，且校址位在漢堡精華地段的富人區，不少孩子穿著一線精品服飾鞋款來玩沙坑、打雪球。但即便孩子家境都算優渥，家長間卻也會資源互享，例如將整袋衣物玩具送給幼兒園有需要的家長。

我自己就經手了好幾次，像是孩子已經畢業幾年的家長，請我將一大袋衣物送給另一位熟識的家長，因為對方的孩子正在念幼幼班。**他們的想法很簡單，惜**

物不只是省錢益己，更有益環境保護地球。

幼兒園接送區的外套雨鞋，也常常能發現「熟面孔」，像是誰家的雨鞋穿不下，正好能送給小一歲的同班小孩穿；一件外套內裡的主人名稱寫了又被劃掉，一共易主三代，儘管表面有些汙損，外套內裡的絨毛仍然溫暖，實在沒有買新外套取代的必要。

出自親情的本能，爸媽想給孩子最好的一切本是人之常情，但是「給什麼」跟「怎麼給」其實都馬虎不得。當一個孩子捨不得把心愛的舊玩具送走，甚至以新玩具作為交換也不肯答應。他學會的，不只是愛物惜物，還有永不背棄夥伴的愛與信賴，也傳承了永續環保的精神。

打破玩具世界的僵化性別成見

男孩不必逞勇，女孩不必溫順，孩子的未來樣貌有更多可能

在幼兒園專門提供大小孩子角色扮演的四季更衣室裡，一歲四個月的米凱爾正翻箱倒櫃尋找合適的配件來裝扮。眼前的他穿上了印第安人背心，一個小化妝包的拉鍊被他拉開反戴在頭上當作帽子，現在他又撈出一條粉紅色的蓬蓬裙請我幫他穿上。

「來，米凱爾，凱特來幫你的這身打扮照張相，可以放在成長紀錄本裡。」孩子聽到後就開心走過來，我隨即拿了幼兒園專用的相機按了幾下快門。

「這身打扮真不錯，米凱爾！」德國老師妮娜經過他身邊，也附和著說，「前衛的混搭風，我喜歡。」

幼兒園的成長紀錄本裡，有孩子從入園第一天起的生活點滴，還有記錄孩子無意間說出令人發笑的童言童語。除此之外，不論是校外出遊、陶土或瑜伽課、

美術作品，還是好朋友玩鬧時的照片，德國幼教師都必須盡可能地全面收集。

時常，兩歲多的孩子翻閱第一天入園的新生照片時，會驚呼說：「我是Baby，沒有頭髮！」接著捧著自己的成長紀錄本往桌上一放，坐下來一看就看了二十分鐘，翻到了最後一頁，又重新再翻閱一次。

除了讓孩子自行翻閱，成長紀錄本也可以外借回家，給家裡的其他成員看看自己在幼兒園的每日生活，只要記得再帶回幼兒園，以便老師持續記錄即可。

米凱爾是一入園就由我負責帶的孩子，入學雖半年不到，愛笑愛跟人互動的他，讓我毫不費力地蒐集到許多精采瞬間。我把米凱爾換裝的照片洗出來，再把之前他換上其他不同服裝的照片剪貼成一頁，放進成長紀錄本。過些時日，米凱爾的爸爸說因為土耳其的祖父母來德國玩，想借孩子的成長紀錄本給他們看。我告訴他說因為米凱爾才入園半年不到，目前本子裡的頁數大概只有二十來頁，不過如果他們不介意，非常歡迎借回家閱覽。爸爸笑說沒關係，當天下午來接孩子就順便把成長紀錄本帶回家。

隔天一早，米凱爾爸爸送孩子上學時，一樣親切寒暄了幾句後，突然問我：

「我看了成長本裡面有幾張米凱爾穿裙子的照片，請問他有特別愛穿裙子嗎？」

我愣了一下，大概猜得到他的顧慮，便說：「米凱爾很熱衷打扮，櫃子裡角色服裝配件很多，他常常拿了就要老師們幫他換上，偶爾也有裙子或洋裝。但整體來說，他幾乎什麼都試著穿戴過，也稱不上特別喜愛哪一款打扮。」

米凱爾的爸爸認真地點頭，又像在確認什麼地追問了一句：「那其他的玩具呢？他會喜歡玩娃娃或廚房玩具嗎？」

「他很喜歡待在玩具廚房玩，還有班上不少男生也是。」我笑著說：「其實孩子多半要到三歲以上才會開始對玩具產生性別偏好。原則上，我們樂見孩子的各種嘗試，不鼓勵也不限制，因為限制孩子玩的玩具種類，會有礙他們培養各種能力。」

「性別其實跟玩具或穿衣並不那麼相關，我小時候也很愛玩寶劍之類的，也很少穿裙子洋裝，這些純粹是個人喜好。」我說。

摘除玩具的性別標籤，別用偏見扼殺孩子的天生氣質與潛力

關於玩具上的性別成見，專精於人類發展和心理學領域的學者羅賓森（Clyde C. Robinson）和莫利斯（James T. Morris），早在一九八六年就針對聖誕節送禮行為，進行一份男女性別既定印象的分析研究。此研究對象為八十六位介於兩歲半到五歲半的小孩，探討在耶誕節時，送禮的父母或收禮的小孩本身是否會因為性別因素，而偏好挑選某一類別的玩具。研究中分析了兩組禮物清單，一組為父母為自家孩子所挑選的玩具，另一組則是由孩子自己決定要什麼玩具當禮物。

結果發現，多數的父母在為孩子挑選耶誕禮物的玩具時，都盡量選購樂器或益智遊戲等相對中性的物件。有趣的是，在女生組有高達三分之一的比例，會收到如恐龍或機器人等傳統印象裡的「男孩玩具」，反之男孩組裡只有極少數的幾位孩子收到典型的「女孩玩具」。另一方面，孩子們自行挑選的禮物清單中，男生很早就對合乎自己性別的玩具展現偏好：不管是在三歲、四歲或五歲的年紀，都有接近七成五的男生偏好男孩玩具；反觀女生組一直到六歲才展現出對女性化玩具的喜好。

在教育心理領域上，陸續有其他相關研究呼應此一論調，顯示男孩在玩具選擇上，的確有強烈的性別區分。研究指出，男孩和女孩隨著年紀漸長，雖然在玩具的選擇上有所差異，**但男生之所以會在很小的年紀，就對玩具展現出明顯的性別偏好，可能是因為比起女生，男生在玩女孩玩具時，比較容易接收到周遭他人的批評和不認同，因此選擇玩具的態度會比較敏感，下意識避免與女孩形象重疊的玩具類別。**

「將玩具去性別化並不是要殲滅洋娃娃，或是要火車組合從此消失。就算孩子對（世俗判定的）另一種性別的玩具不感興趣也沒問題，重點是提供一個環境，讓孩子在玩遊戲時候，能夠不必去在乎性別這件事。玩具應該是中性的，不應該被歸類至任何一個性別。」專精於兒童發展心理學的齊默曼教授（Laura Zimmermann）如此說道。

一般來說，傳統的男孩玩具如汽車、積木或工具組合，能訓練孩子的操作和視覺空間能力；而被視為女孩玩具的娃娃或扮家家酒的廚房組合，則鼓勵孩子溝通、培養其社交和早期的語言能力。透過接觸不同種類的玩具，孩子有更多機會全面提升學習基礎，而大人若能尊重孩子的玩具選擇，就等同於提供了一個多元化的學習環境，不讓傳統性別成見限制其發展。

反之，**男孩和女孩玩具的壁壘若被嚴格劃分，不只孩子的學習上受到限制，也容易建立偏頗的自我形象**。例如女孩子只注重打扮，一心想擁有美貌華服，成為被王子拯救的公主是其終極夢想；而男生某種程度上被鼓勵大膽激進，認為溫柔是種示弱的表現。

讓孩子自由定義自己的樣貌，女生也有不想當公主的權利

回想起我在台灣的全美語幼兒園工作時，萬聖節那天除了討糖活動，孩子最開心的就是可以換上自己的夢幻裝扮。不過小男生永遠是超人、蜘蛛人等超級英雄系列，小女生則千篇一律都是迪士尼公主群。有一年的萬聖節，一個中班的四歲小女生穿了《海底總動員》裡的小丑魚尼莫（Nemo）裝扮來班上，當時看膩了公主和超級英雄陣仗的我不禁驚呼：「好特別！妳是可愛的Nemo耶！」

小女生嘴角才剛揚起笑容，班上的幾個男生女生卻七嘴八舌地對她品頭論足起來：

「妳穿這樣好奇怪。」

「大家女生都是公主，怎麼妳變成一條魚？好好笑。」

我忘了我當時說了什麼去緩和氣氛，但我知道她一定對這些言語有些在意，果然在助教幫每個孩子拍了幾張照片後，小女生就不願意再穿上尼莫裝了。《海底總動員》是她很愛的動畫，因為在台灣買不到，這套尼莫的服裝還是她在美國的姑姑特地郵寄回來的，我實在不知道她還願不願意再穿上一次。我不禁感嘆，台灣的小女生似乎唯有當公主才能符合眾人期待，但其實，那些無心的童言童語也只是顯露出孩子們從社會文化中，所學習到被認同的性別特質。

德國的家長除了挑選玩具時不刻意區分男生女生，日常中孩子的衣著或物品也盡量去性別化，保持中性。德國人愛物惜物的好習慣在這一點發揮得淋漓盡致，只要東西還堪用，孩子也不介意，哥哥的衣物妹妹大多也能適用，就算是萬聖節的道具服裝也一樣，只要孩子不介意，小女生扮成小火龍也是常見的事。

在德國，我幾乎不曾聽過大人用「公主」稱讚女孩子。雖然這裡的小女孩也愛打扮、愛玩扮家家酒，但是萬聖節一到，她們會以千百種姿態現身，除了公主，也會有甜點師傅或白袍醫生。小男生方面，除了超人、哈利波特，也有接地氣的建築工人和消防員。

其實，就像玩娃娃或火車組合一樣，**孩子想當公主或超人都是一件美好的事，無關對錯。但倘若社會環境對於性別符碼有強烈的既定框架，無形中限縮孩子對自我形象的種種可能，那麼「自在做自己」就會變得極為困難，甚至對不在框架內的人產生「非我族類」的不友善態度。**即便孩子沒有說出口，但腦中可能已經產生「我是男生，所以我只跟男生玩」這般非黑即白的想法。

不論是社會環境，或是電視上的卡通或玩具廣告，都可能加深了孩子性別上的刻板印象，但我認為，這些影響都比不過父母或老師平日的教養態度。舉例來說，如果我們試圖糾正孩子的某項行為，理當基於該行為的錯誤本身，而非取決於孩子的性別。偶爾聽到有人說「女孩子不要太好強」或是「男生這麼愛哭怎麼可以？」，我實在很想提醒大家不要輕忽語言的力量。**如果好強跟情感纖細只是人格特質，我們就沒有理由基於他們的性別，指導孩子這份感受的對錯。**

玩具選擇上也是如此，男生玩恐龍、女生玩娃娃，這並沒有什麼不對，不過若反過來男生玩娃娃、女生玩恐龍，我們也大可不必認為這是一種必須被矯正的

錯誤行為。玩具的去性別化，最主要的目的是提供孩子一個機會均等的學習環境，而不是剝奪任一方的選擇，讓他們能自在的定義自己認同的樣貌，不必感到有壓力。

我喜歡看著女孩們手裡摟著暴龍當作寵物般疼愛，或是男孩們騎著波比車，大腿上還橫放著嬰兒玩偶在幼兒園的花園到處蹓躂，抑或是大家在玩具廚房裡輪流扮演爸爸和媽媽的角色。孩子的世界永遠不需強硬將一分為二，溫柔和勇敢，向來可以並存。

玩具槍會把小天使變成壞小子？

戰鬥型玩具的使用準則，正確引導孩子對勇氣力量的渴望

幾年前，英國凱特王妃帶著當時才四歲的喬治王子和夏洛特公主，去觀看威廉王子的慈善馬球比賽。趁著風和日麗的好天氣，當她與孩子們坐在草地上一派愜意地聊天玩耍時，媒體拍到一張喬治王子拿著仿真玩具槍指著媽媽的照片，這張照片立刻攻占各大報版面並引來各界的批評與指責，認為身為皇室成員的威廉王子與凱特王妃過於輕忽大意，即便孩子手裡拿的是玩具槍，他們仍應該制止孩子們在公共場合拿著仿真玩具槍玩射擊遊戲。

關於幼齡孩子使用刀子或槍枝等戰鬥型玩具的討論，長期以來正反兩派意見一直僵持不下。一派認為大人們應該去思考每個玩具背後的使用意義，例如玩樂高積木或建造火車軌道可以讓孩子有空間概念，玩小汽車時則可以發現力道愈大車子會被推得愈遠，因此能認知到基礎的自然科學原理，但一把仿真的玩具槍卻

似乎不能為孩子帶來任何正面的教育意義。

另一派則認為，孩子拿著刀槍打鬧是成長過程的必經階段，大人一味禁止只是徒勞。因為就算沒有這些玩具，想要玩射擊遊戲的孩子還是會用手指比出手槍姿勢。

喜歡玩具武器就是熱愛暴力？其實孩子是想展現他的勇氣！

科學研究已經證實，小時候玩刀槍玩具與長大後的暴力行為並無直接關聯。三歲以上的孩子熱衷角色扮演，當他們手裡拿著玩具刀劍或是手槍時，小腦袋裡其實是幻想自己吃了大力丸般，戰力指數會瞬間飆升，這對一直嚮往「長大」的小孩來說，是一種勇氣與力量的象徵，而不是暴力。

德國杜賓根市的和平教育研究所所長古格爾（Güther Gugel）認為，孩子拿著玩具武器的遊戲行為，與父母親所擔憂的暴力可能正好相反。**孩子拿著玩具槍並非為了享受殺戮，而是表現無懼與堅強，他們所建立的自我形象是在與邪惡勢力對抗並伸張正義**，所以在遊戲中常會有「你當壞人我當好人」的角色分配。

然而，古格爾不忘提醒父母與老師必須留意孩子的遊戲方式。展現存在於想像中的力量並不等同於助長暴力，但是大人有責任教育孩子，社會並不容許暴力行為。因此除了不要購買太多武器型的玩具，**倘若孩子對槍枝等玩具武器出現過於沉迷的態度，家長也應該將其視為一個警訊，這可能是孩子在生活中出現了難以獨自處理的難題，必須持續觀察並給予關心。**

基於德國槍枝管制的法令，任何無法以外觀辨識真假的玩具武器，都不准攜帶到公共場合，違者會予以沒收物品並處以罰鍰，這點與台灣隨處可見孩子拿著逼真玩具槍打鬧的情況非常不一樣。德國父母雖然不介意孩子拿著木枝充當寶劍打鬧著玩，但是對玩具的選擇卻高度敏感。他們很少會買刀槍玩具給孩子，偶爾破例購買時，也是因為那是角色扮演不可或缺的配件，而物品外觀也必須看起來名副其實地像個玩具。德國家長認為，讓孩子把玩逼真的玩具槍，會模糊了孩子想像與現實間的那條警戒線。

舉例來說，《星際大戰》的玩具光劍之所以無害，是因為孩子清楚知道這是玩具而不是武器，將光劍握在手上就像凡人得到了原力變身，能成為絕地武士，讓他踏進星際間的想像疆界。

但是大人若過於輕忽，把仿真的玩具槍交給孩子玩，可能會讓孩子看到真槍時無法辨別，誤會這是他可以使用的物品而缺乏警戒心。即便在槍枝管制嚴格的台灣，也曾發生小六孩童誤扣獵槍扳機而造成傷亡，在槍枝氾濫的美國更是憾事頻傳，因此我認為大人對於刀槍類玩具的態度仍應該審慎警戒。

德國老師
經驗談

杜絕逼真玩具武器以防混淆，為孩子築起想像與現實間的防線

一般來說，德國幼兒園並不允許孩子帶玩具到校，早上偶爾有孩子抱著玩具熊、嬰兒娃娃或機器人玩具抵達園所，也得在進入教室前放進個人的置物櫃，下午爸媽來接時才能解封拿出來。至於玩具武器如刀槍或是寶劍，平時是完全禁止攜帶入園的，連放進置物櫃都不被允許，因為我們認為它們並不該被視為幼兒園日常玩具的一部分。

幼兒園對於玩具武器的禁令非常堅持，就連炎炎夏日家長要主動提供玩具水槍，也被德國老師以「幼兒園裡已有可替代水槍的噴水器」為由而婉拒。一開始我覺得大可不必這麼做，因為圓圓胖胖的大水槍其實看起來十分童趣，以任何角

度來看都不像個殺戮武器。但是幼兒園仍維持一貫的立場：如果一瓶家用的噴水器可以讓孩子擁有玩水的樂趣，就沒有讓槍枝登場的必要。

噴水器也好，樹枝也罷，孩子們點石成金的想像力可以不受任何外力約束，偶爾也有孩子拿樹枝當寶劍在公園裡比劃，但以肢體攻擊為主的玩法太容易擦槍走火，所以老師們從孩子幼幼班時就一再告誡，手裡的任何物品都不能對準人，就算如他們解釋的只是在「玩」而已。

因此，孩子在幼兒園花園拿著噴水器時，我們也不允許孩子對準其他人的臉或身體噴灑著玩。如果他們真的想玩水，噴水器可以對著自己，或者去對著花園裡的盆栽來灌溉，但不應該因為覺得有趣，而失去對他人身體界線的尊重。

以玩的方式來看，德國小孩喜歡攀高爬樹，也愛團隊合作，時常會看到兩個孩子一站一坐地同盪著一個鞦韆甩高，跟台灣孩子一樣擁有積極好動的天性。不過也許是師長們都極力杜絕大環境中任何潛在的暴力因子，所以孩子也慢慢內化出一種零暴力的玩樂方式，樂於挑戰自己，而不是去挑釁他人來證明自己的強大。

一年到頭，只有兩天的時間，玩具武器可以破例獲准攜帶至幼兒園。一天是在二月的德國傳統嘉年華會（Fasching），再來就是十月底的萬聖節，這兩個節日都與特殊裝扮有關，每個孩子會穿上不同的角色服裝，再搭配上與角色相關的配件，老師小孩一起開趴同歡。

例如消防員當然需要滅火器才能出入火場救援，警察攜帶警棍手槍出勤也非常合理，中古世紀的騎士更是少不了一把厲害的隨身寶劍。在這兩個節日，幼兒園會讓孩子盡情滿足心中不同夢幻角色的想像，讓孩子變身過過癮，但幼兒園仍制定一些規則請家長配合遵守，除了武器不能太逼真嚇人，還有兩個大前提：

❶ 攜帶的道具或玩具武器，必須符合孩子扮演的角色形象

如果孩子希望扮演女海盜，這天園方會允許孩子帶著海盜配件的長彎刀到幼兒園。但是孩子若只單獨帶著長彎刀，而沒有與其相稱的角色服裝，那麼老師便不會允許孩子將其帶進幼兒園。

其實，每年都有幾位不想特別裝扮的孩子，老師們都會告訴家長：孩子若想換裝同樂當然歡迎，但若孩子不樂意，那也無須勉強孩子換裝或攜帶任何配件。

❷ 鼓勵孩子向大家介紹自己扮演的角色，並解釋攜帶道具或玩具武器的功用

幼兒園在嘉年華會或萬聖節當天，會把晨間律動時間改為服裝走秀。三歲以下的幼幼班，會依照扮演的角色分組進行，例如班上若有三個孩子裝扮成警官，老師便會帶領他們同時上台跟著音樂扭動，走秀結束後，老師會向全班簡單介紹這些孩子所扮演的角色和配備，幫助幼齡孩子理解其中關聯。

至於三歲以上的中大班孩子，通常對自己裝扮的角色已有基本了解，這時老師會鼓勵孩子介紹自己的角色，接著進一步引導孩子解釋其裝備的用途，必要時給予解說補充，例如：警察的工作是維持社會秩序並打擊犯罪，所以他們需要配備武器來保護自己，但是執勤時仍須在特定情況下才能依法使用警械。這樣的安排，讓大孩子不只是參加換裝派對，也加深了對不同職業角色的認識。

回到文章開頭，喬治王子拿著玩具槍指向母親的那張照片之所以招致批評，我想並不只是因為身為小王子拿塑膠玩具槍造成王室形象崩壞，而是因為孩子在公開場合帶著仿真手槍，天真對準他人頭部射擊時，一旁的家長並未予以制止。

其實，全家共遊至如此綠草如茵的地方，踢足球或放風箏都可以是更合適的玩樂選擇，就算孩子堅持要玩槍，大人也需明確告訴孩子槍頭不可以瞄準人。我曾在台灣看過孩子在公共場合射玩ＢＢ彈，但我難以苛責受到玩心驅動而扣下玩具槍扳機的孩子，因為更大的責任其實在於放任孩子不管、無視他人安全的大人。在現實世界裡，我們無法為孩子百分百抵禦各種形式的暴力，但最起碼我們可以在孩子馳騁於想像世界的時候，穩穩撐起一條正義和暴力之間的分隔線，保護孩子不至於迷失。

©Tim Pierce / flickr

幼兒園不是雜物間，別讓過多的教室裝飾占地為王

混亂的空間讓孩子情緒煩躁，降低學習效能

參訪幼兒園內部環境，是每個家長送小寶貝入學前的必要事項之一。有趣的是，德國幼兒園老師們也會不定期去其他不同體系的幼兒園參觀，以吸取不同的教育新知，另一個觀察重點則是其他幼兒園的整體環境設計和氛圍。

幼兒園老師們的交換體驗由教育局相關單位進行統籌，每次參訪會有兩位來自不同幼兒園的老師，以觀察員的身分報到。報到之後，負責接待的幼兒園會簡單向師生介紹參訪者的來意，之後整天參訪者可以自由進出任何教室進行各項觀察，直到放學後再向參訪的幼兒園做觀察簡報，有任何問題也可以提出來做團體討論。對我來說，這種跳脫原有框架的體驗非常有趣，我得以近距離觀察不同體系的德國幼兒園有哪些相似之處，又有什麼差異是值得借鏡學習。它與一般台灣教育參訪團的不同之處，在於最多只有兩位校外觀察員，校方也不會派人進行介

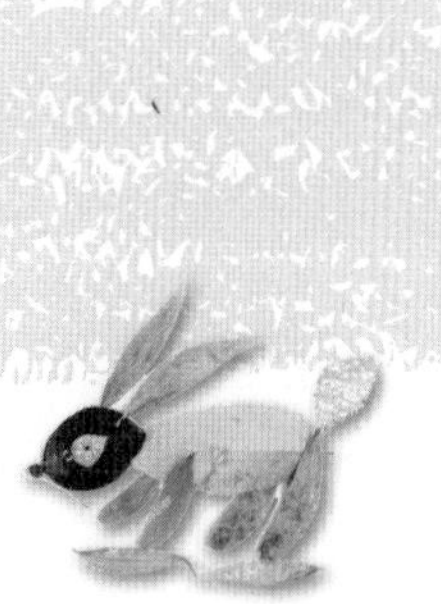

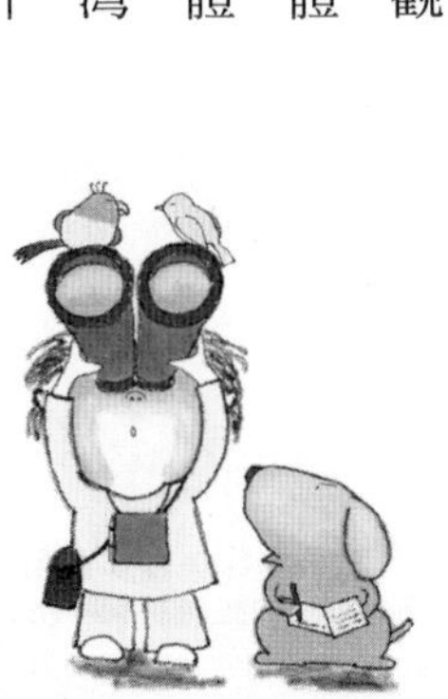

紹。觀察員可以依照自己的需要和步調，慢慢記錄一日的所見所聞。

透過這個教職員的交換體驗活動，我對德國幼兒園的整體樣貌和制度，也有了更全面且深入的理解。原來德國人重視細節、謹慎看待事物的個性並非全無來由，許多我們時常忽視的枝微末節，細看之下其實都有不可輕忽的重要性。

德國幼兒園的禪式風格，打造專心學習、深度玩樂的空間

除了教育理念和課程安排上的差異，德國幼兒園在環境空間的設計上，也充分體現其教育精神，不過第一次走進德國幼兒園的人，可能會對它的單調感到不可置信。這種風格簡約中略帶童趣，一瞬間可能令人以為錯入極簡風格的畫廊，卻又沒有藝術畫廊的距離感。大大的白牆上只會掛上一件師生共同完成的大型藝術創作，有些幼兒園甚至什麼也不掛。孩子的勞作會輪流展示在布告欄，不會全數展出，而教室裡雖有些許裝飾點綴，仍盡可能地保有整體空間上的簡潔明亮。

印象中，台灣的幼教師每學期都花了不少心力在教室布置，教室櫥窗上貼滿了全班孩子的塗鴉，一抬頭就看見天花板上也垂吊著五顏六色的勞作，好不熱

鬧。記得當時和我搭配帶班的幼教師非常認真盡責，教室布置大多由她一手包辦，甚至是課堂上需要的教具，只要我開口幾乎使命必達。在教室布置上，我們盡可能地做到豐富而不雜亂，這是彼此對美感的最大共識，但校方卻認為教室的牆壁看起來略嫌單調，除了孩子們的美術作品之外，希望我們也能張貼幾張教學海報，或是將英文閱讀本的內容做成大字報貼在牆上，方便孩子朗誦複習。我心裡雖然有些抗拒，但一想到平日校方對我們的教學給予很大的自由和彈性，只是雙方對教室擺設陳列的看法略有不同，最後也沒怎麼掙扎的就接受了提議。在那之後，我的教室裡除了孩子們的藝術創作，牆上也開始出現滿滿的字條文和海報。

在德國工作後，這裡對教室布置力求精簡的標準實在太令我激賞，我們園所甚至對不同教室的特定擺設做了圖像檔案紀錄，其中包括了木製廚房裡茶具杯盤的擺放位置，沙發區抱枕的顏色設定，四季更衣室裡的戲服和道具該如何陳列，全都鉅細靡遺地記錄在這本布置檔案本裡。

牆壁上的大幅畫作，是美術老師和幾位孩子共同創作的成品，已經展示了數

年之久，堪稱是幼兒園的鎮園之寶。至於孩子平日的畫作，大部分都會在當日帶回家收藏，德國幼教師雖然偶爾也會利用孩子的作品當作教室裝飾，不過就比例上而言，孩子的作品不是教室布置的主體，只當作偶爾時來一筆的亮點。也就是說，除了一小部分的作品會不定期展示出來，平時幼兒園的布置擺設是不會輕易更動的，以維持整體環境的設計氛圍。

我一度覺得，每次使用後都要將物品擺設百分百回歸原狀的規定，似乎有點苛刻。舉例來說，泰迪熊一定要擺在沙發椅上，四季更衣室裡提供孩子角色扮演的古典蕾絲洋裝和獨角獸戲服，必須陳列出來而不是塞進衣櫃箱子裡。於是在教務會議時，我向校方提出了疑惑，校長是這麼向我解釋的：**一開始幼兒園的設計藍圖就有每間教室的主題設定，園方對每間教室都花費很大的心力去尋找符合使用情境的擺設品和物件。**舉例來說，沙發閱讀區不是擺了沙發椅、書架和一堆書籍就完工了，最難的部分在於氣氛的營造。園方希望孩子一踏進這個空間，就能像躺臥在棉花般的白雲上那樣鬆軟舒適，因此藍白色的抱枕和沙發是主色調，天花板的燈飾也呼應了明亮溫暖的氣氛，用視覺上的設計來提高閱讀興致。

「所以學校一直要求我們在展示孩子作品時要做到精巧、重質不重量，也是基於相同原因嗎？」我問。

「是的。過多的額外布置不僅不必要，也擾亂了閱讀時的專注力。**幼兒園存在的主要目的，是讓孩子盡情玩樂和健康成長，這裡是學習場域，而非作品的展示空間。若我們為了展示作品，將教室貼滿不相襯勞作，其實反而本末倒置，因為雜亂的空間會讓孩子無法專心學習。**」校長說。

德國老師經驗談

別把教室布置成大賣場，小小孩更加需要簡約環境

正所謂「覺今是而昨非」，我當下第一個的感受是：德國的幼兒教育打從心底相信學習成效是不必外現的。在台灣，那些近乎全面轟炸式的教室布置和裝飾，只怕是來自大人對孩子學習成效的焦躁感。於是，展示孩子的美勞作品還不夠，台灣幼兒園要貼上幾張英文字母和數字的教學海報，最後再貼上課文或讀本內文的大字報，藉此顯現豐富的教學內容和學習成效。然而，近年來有愈來愈多心理學者針對教室布置對學習的影響進行研究，例如根據美國《心理科學》期刊

（*Psychological Science*）在二〇一四年五月發表的一份相關研究，揭示繁雜的教室展示品會破壞幼兒的注意力和學習效果，尤其是七歲以下的孩子。

在這份研究中，一共有二十四名孩子被安排在刻意設計的教室裡，研究者針對孩子不熟悉的主題進行授課，三堂課安排在有豐富布置的教室，另外三堂課則安排在擺飾較少的教室裡。結果顯示，雖然孩子在兩間教室裡都能學到東西，但在布置較為簡單的教室裡，他們的答題準確率明顯高上許多。

大致上，**孩子分心的程度通常會隨年齡增加而遞減，教室布置對高年級以上的孩子影響並不大，因為他們維持專注的能力比較高。但對幼兒園學齡到中低年級的小孩來說，多彩且豐富的視覺環境反而分散了注意力。**主導該研究的心理學家費雪（Anna V. Fisher）表示：「所有人多少都會分心，但分心程度不像四到七歲左右的孩子來得那樣高。弔詭的是，若我們仔細觀察從幼兒園到大學的教室環境，會發現實際布置情況剛好相反。高中以上的教室通常只有課桌椅，而最容易分心的幼兒園和低年級小孩，卻常在布置得讓人眼花撩亂的教室裡上課。」

當然，這並不表示孩子在光禿禿的四面白牆裡上課就能更加專注，老師們也不用急著撤下所有布置和展示作品。**研究發現，孩子在略加裝飾的教室裡能達到**

最高的學習成效，而裝飾品最好能營造出畫龍點睛的活潑氣氛，但在視覺上又不至於造成混亂。此外也可以使用孩子們的美勞作品來當作部分裝飾，加強孩子對環境的歸屬感與責任心，不過整體而言，最好要有接近一半的空間留白，不張貼任何教學海報，或懸掛裝飾。

在實際教學上，老師們常面臨許多不可控制的因素，認真的備課授課只是入門基本功。孩子學習成效的高低，跟其情緒曲線、學習意願，甚至家庭環境的差異都有某種程度上的關聯，老師得要投入相當心力才有機會扭轉態勢，以提升孩子學習上的動能。

然而，倘若我們針對教室環境對學習成效的影響有了更深一層的認識，知道一個過度布置的環境其實會造成學習上的反作用力，化繁為簡卻能事半功倍，那麼不管是身為老師或家長，都應該去改善這一個相對可控制的因素。

經過這幾年在德國幼兒園工作的思想洗禮，我檢視到很多在台灣執教時沒有留意到的部分，它卻可能至關重要。一個柔和、明亮和溫暖的簡約空間，能讓每一個踏進幼兒園的孩子，都成為快樂學習的小主人。

自己的玩具自己做，每次DIY都是創意的實踐練習！

創意來自錯誤失敗的累積，偶爾迷路反而巧遇新發現

不管是房屋建造、油漆粉刷、壁紙張貼或是鋪上木質地板，德國人的動手能力之強，常讓在便利之都台北出生成長的我，自覺沒有真正長大。在台灣，一些麻煩的手工活，我們會理所當然地外包給專業師傅去執行，**但是對很多德國人來說，就算不能靠一己之力全部搞定，能參與其中的部分工程便很有成就感，自己動手的原因，不只是節省經濟成本，也培養出一種生活上的娛樂消遣。**

秋節時分一到，每間德國幼兒園都會舉辦一個大活動，稱之為「提燈散步」（Laternelaufen）。除了時間和文化意涵的差異，這跟台灣元宵節時提燈籠的活動非常類似，德國雖然沒有大型的花燈展覽，不過從兩地幼兒園策畫的規模來比較，德國人的提燈活動似乎玩得更大且更認真。

在德國，園方必須自行規畫遊行路線，並知會社區警方負責封街並引導隊伍行進。提燈活燈通常是晚上六點半開始，入夜變暗後提燈才更符合氣氛，家長得帶著自家小孩到校外的指定地點會合，全校一起準時整隊出發。

至於提燈活動最重要的主角燈籠，德國幼兒園做法相當一致，每年都是DIY燈籠。而這個DIY通常不只有手作的部分，連造型點子也必須自行構思，作品要有原創性，才符合「創意燈籠」的標準。

就我所知，台灣幼兒園的做法不一，有些幼兒園會請家長自備花燈，這種情況下，通常家長會買現成的燈籠給孩子帶到幼兒園去；有的幼兒園則是準備好紙燈籠模型，再請孩子塗鴉或是黏貼上各種裝飾，鼓勵孩子自由發揮。

沒有範本的親子創意燈籠，酷炫不是第一，快樂才是重點！

在德國幼兒園，若家長嫌麻煩想要買個燈籠了事，幼兒園也不會反對。但說來有趣，德國人血液裡似乎都保有手作的熱情，對於親子一起自製燈籠不但不嫌麻煩，反而做得起勁。每年的提燈活動，不管大人小孩都是提著自製燈籠參與。

自製燈籠的主體材料大多是日常生活隨處可見的可回收物，例如牛奶紙盒、大塑膠瓶，或是寬口牛皮紙袋，根據不同材質的特性，選擇各自適合的裝飾品或顏料來點綴燈籠。有些家長隨意在牛奶紙盒上割了幾個缺口當作眼睛鼻子嘴巴，再請孩子用透明的紙膜貼黏上，即便成品看來陽春，但這超級簡易版的紙燈籠還是讓兩歲不到的幼兒樂開懷，逢人便展示他和爸爸合力完成的燈籠。

因此每年一入秋，商店裡販賣的不是樣式新穎的各式花燈，而是手提的電池燈籠棒，家長才能跟孩子一起構思點子，親子共同完成獨一無二的創意燈籠。如此一來，年年都有炫目獨特的燈籠可以提，無形中也加溫了親子關係。

德國老師經驗談

幼兒園的分齡DIY活動

除了燈籠以外，幼兒園裡也有依照年齡區分的手作活動，秉持著「獨立自主」的德國幼教精神，這些手作活動多半是老師提議，然後徵求自願參加的孩子。也許是孩子的自由玩樂時間向來充裕，因此每次有手作活動時，大小孩子都興致高昂地想參與。

1~3歲的手作推薦

自製黏土

考量到小小孩手繪和抓握剪刀的能力還不成熟，因此最常進行的手作活動便是師生一起自製培樂多黏土（Playdought）。不只材料準備容易，麵團搓揉和染色過程都很適合正在五感啟發階段的小小孩，不少德國幼兒園都用這個配方製作黏土，低成本加上幾乎零失敗的組合，相當推薦家長也可放手一試。

所需材料：400g中筋麵粉、200g的鹽、兩大匙的食用油、500ml的水（煮開後保持溫熱即可）、可供麵團搓揉的大容器一個、食用色素、衛生手套。

製作步驟：❶請孩子將分裝好的麵粉一杯杯倒進大容器中，❷加入鹽巴和兩大匙的食用油，❸把溫熱的開水倒進已加入混合材料的麵粉中，❹用手稍加拌勻（這部分可以換大人進行操作），❺大致混合好時再請孩子一起用手搓揉，大人可在一旁觀察麵團溼黏程度，適時加入一大匙的麵粉。❻大人把混合均勻的麵團分成四份，❼滴入不同顏色的液態食用色素，❽請孩子戴上手套後進行麵團染色，一起把顏料搓揉均勻至麵團中，培樂多黏土即大功告成。

4～6歲的手作推薦

晒衣夾動物

三歲以上的中大班孩子，DIY的作品則偏向於美術手作。比起幼幼班，大孩子的精細動作已經純熟許多，可以自己進行手繪和裁剪，孩子們有時也會主動提出意見，跟老師討論如何將心中的作品完成。

記得有一次幼兒園的月主題活動是「七大洲」，所以我們結合了一些不同國家的傳統元素來裝飾教室。當時來自南非的英語幼教師克勞蒂雅，負責帶領關於非洲的主題活動，例如讓孩子們穿雨靴一起跳南非的傳統膠靴舞（Gumboot Dance），晨間活動也一起領唱獅子王的主題曲〈*The Lion Sleeps Tonight*〉，同時跟孩子解說，在非洲除了獅群，還可以看到很多其他的野生動物，例如長頸鹿、斑馬和非洲水牛等等。孩子們聽得津津有味時，突然班上不知道是誰丟出了一個想法，問克勞蒂雅說：「我們下午來做非洲動物好不好？」

德國幼兒園生活最有趣也最有挑戰性的地方便在於此，老師們必須隨時接住孩子們天馬行空的想法，並將其實踐。於是等到下午的自由時間時，便順勢請孩子思考各種動物身上的特徵，例如毛髮顏色、斑點、紋路，然後請他們自己找顏色和材料。塗了幾次之後，有些孩子發現一般紙張太單薄，還會自己去回收箱找較為厚實的硬紙板來裁剪，效果意外地好。

克勞蒂雅準備了一些木製晒衣夾直接夾上去，整個非常有「現代藝術」的感覺，後來孩子們也陸續仿效，用晒衣夾當牛角或動物的四肢。他們非常喜歡這次的成果，因此常常拿來玩，不玩的時候就放在教室櫃上當作裝飾品，十分吸睛。

別阻止孩子天馬行空的想法，就算碰壁，也會成為未來的養分

從更深一層的意義去探討，**鼓勵孩子嘗試ＤＩＹ不只是節省經濟上的成本，更重要的是過程中有一股積極正向的氛圍，有利於發展孩子的開創能力。**正因為這個原因，幼兒園通常不太會給孩子製作燈籠的固定範本，只在提燈活動開跑前一週的某日下午，請家長帶著做為燈籠支架的紙盒或塑膠瓶到校，老師們會備齊各種顏料與工具，和不同顏色及材質的紙張，亮片或水鑽一應俱全地攤在桌上，讓家長和孩子各自討論，並合力創造出符合主題的燈籠。

所謂靈感，是在腦海裡一閃而過的電光石火，當孩子冒出天馬行空的想法

時，我們常不自覺就自動幫孩子評估可行性、急著給建議。**但一個想法未必會有成功的結果，可是執行過程中的付出與修正，往往會推疊出另一個靈感，這就是創意的孕育過程。**而行進在思考常軌之外的想法，更能激出驚人火花。

前些日子，留學時期認識的台灣友人分享國小女兒作文獲得佳作的心情，聽她一派輕鬆地描述，但過程卻有點顛簸，因為作文格式不符合起承轉合的標準，就被國語老師撕毀。但她說：「身為爸媽，也只能鼓勵孩子繼續發揮獨特的想像力去創作，這篇得獎的佳作是給孩子『相信自己』的最佳鼓勵。」

她也坦承，國語老師和美術老師們因為不認同孩子的創作，給的分數往往也十分恐怖，因此爸媽在給予孩子創作自由的過程裡，心臟得承受這種制式評量方式所帶來的些許不安。一位老師屢次撕毀格式不符合標準的作文，暫且不談是不是情緒控管出了問題，但其對對創作的定義實在十分狹隘。「起承轉合」是普遍接受度高的文章結構，老師雖有其必要傳授這種技巧給學生，但在書寫時如何應用所學，我認為這屬於個人創作上的自由空間。學生若把作文都千篇一律的寫成八股公文，便很難建立獨立思考的素養。

友人的分享讓我想起，在某次年度師資培訓的場合上，各分校的老師討論到孩子的創意培養時，主講者突然說了一段令我記憶深刻的話。她說：「創造，不能有思考上的依賴路徑，它必須脫離他人的框架。即便時而停滯於一灘泥濘上，但當人們奮力跨越，新的視野就在眼前。」

她也提到：創意不能單靠想像，還需要把想像連結到知識來應用，因此讓孩子涉獵不同領域的知識非常重要。不過，光憑廣大的知識並不足以孕育創意，創意也包含了一種勇於實驗的好奇心，在原有的思考基礎上進行重整再組合，新路徑可能就會開創出新發現。

總結來說，創意的三大要素，除了知識、想像力也需要好奇心。同時，創意是一種能量的累積，若要達成某項遠大目標，必須先經歷一段搜集素材的路程，停停走走，四處留意觀察，一路拾撿有意思的想法或做法；靜待些時日，素材會融合成體內細胞的一部分，化為腦袋中思想的養分，創造的能量也由此而生。

德國老師常說，「創意，來自生活上的身體力行」，第一件事就是鼓勵孩子嘗試、多方體驗。好奇心驅使的每個日常小觀察，都能幫助孩子推開世界的大門，而自己從零到有的手作實踐過程，便是讓創意具體成形的必要練習。

創意的三大要素，除了知識、想像力，也需要好奇心。
同時，創意是一種能量的累積，若要達成某項遠大目標，
必須先經歷一段搜集素材的路程，靜待些時日，
素材會融合成體內細胞的一部分，
化為腦袋中思想的養分，創造的能量也由此而生。

Part 4

德國幼兒園的無玩具實況轉播！

「少即是多」——玩樂哲學的究極實踐

當每週一次「無玩具日」升級為「無玩具月」的馬拉松，
幼兒園孩子會因此打滾哭喊著「不想上學」嗎？
沒了玩具究竟要怎麼玩？老師、家長與孩子，
又是如何克服重重挑戰呢？

什麼是無玩具運動？為何在德國幼兒園掀起風潮？

捱過無聊的孩子更能放大生命的樂趣，失序中重建規矩

無玩具幼兒園最早出現於一九九二年德國巴伐利亞邦，它是基於舒伯特（Elke Schubert）和史崔克（Rainer Strick）兩位研究者的建議，以「無玩具運動」來杜絕任何形式的成癮行為。這在當時被視為革命性創舉，但今日在德國已被許多幼兒園採用，甚至有些幼兒園就以「無玩具幼兒園」為治園理念，**它們共同的長期目標，是強化孩子的創造力和問題解決能力，減少使用外物來逃避無聊或挫折感，進而擺脫任何形式的被動依賴**。除了在德國，瑞士和奧地利的幼兒園也借鑑「無玩具運動」的理念，調整治園方針。

無玩具在實行初期備受爭議，當時在德國帕紹大學（University of Passau）任教的心理學教授漢斯・摩格（Hans Mogel）甚至嚴詞抨擊幼兒園的無玩具運動沒有科學根據，對孩子來說簡直是一種虐待，因為此舉剝奪孩子的安全感，並強迫孩子

承受不必要的壓力。

但比起這些專家的批評，家長們的反對聲浪更讓人難以招架。柏林一間幼兒園的父母擔憂：沒有玩具，會讓孩子無聊到不想去上學，認為三個月的施行期太長。尤其在德國極其寒冷的冬日裡，孩子們長時間被困在室內，卻連玩玩具的樂趣也被剝奪，實在太嚴苛。於是在家長的反對意見強壓之下，園方隔年不得不暫時停止無玩具運動。

然而園方也沒放棄。持續與家長多次溝通後，無玩具計畫終於順利重啟，只是原訂三個月的實行期縮短為六個禮拜，並選在氣候宜人的春天開始實施，讓孩子有比較多的戶外活動時間，搭配春季郊遊也讓無玩具計畫更具可行性。

我們幼兒園在二〇一六年首次舉辦無玩具日，這一開始其實是帶有實驗性質的嘗試計畫，但試營運期間發現反應不錯，老師們便一致同意每週實施一次。現在孩子們也習慣了每隔一段時間玩具就會休假，園所裡的玩具都被淨空，所以當天外出的孩子，會在公園撿回各種碎石、樹枝回幼兒園玩。

而對於選擇不外出的孩子來說，園所裡的資源回收箱就是尋寶的好地方。平

日德國幼教師就很喜歡利用隨處可見的日常物品給幼齡孩子玩，而學校總務處也知道諸如紙箱、包裝襯墊或氣泡布等等，都是老師常使用的玩樂好素材，所以在回收前都會發電郵給各分校，若老師們覺得用得上就能到總務處領取使用。

德國老師經驗談

無玩具不僅是淨空玩具，更是讓孩子從空白建立秩序的契機

「無玩具運動」在每個幼兒園實施的強度和時間長短不盡相同，有的幼兒園只有禁止「現成玩具」（Finished Toys），但開放打擊樂器或一些體能器材，像是平衡木或是隧道爬行筒；不過也有些幼兒園近乎全園淨空，教室裡只留課桌椅、沙發區的抱枕與小毯子等家具型的日常物品，玩具玩偶和畫筆都嚴格禁用，孩子若想添加遊戲配件，只能等外出時到公園自行挖掘適合的自然素材。我原也以為無玩具幼兒園的條件太嚴苛，直到某次我有機會到這類幼兒園參訪，實際體驗他們亂中有序的遊戲節奏，讓我留下了深刻印象。

參訪當天，我被安排在該園所的中大班（三到六歲）進行側面觀察。這間無玩

具幼兒園的課程分成兩組進行，孩子報名入學時，家長就會根據孩子性情選擇「自然組」或「音樂組」。自然組的孩子吃完早餐後，就出發到野外或農場，每日晴雨無阻走進大自然，感受泥土和樹木花草的氣味和觸感，進行近距離的深度自然觀察。偶爾如果孩子明確表達不想外出，老師也不會強迫孩子隨行。

孩子們可以在戶外練習使用鐵鎚、小刀鋸、小刀等工具，那天有幾個大男孩撿了一些樹枝之後，熟練地拿起小刀一層層削著樹皮，隨即呼朋引伴找了一個倒臥的大樹幹，他們告訴我大樹幹是工作基地，這裡是汽車修理廠，手中拿著削得細長的小樹枝頓時變成撬棍等拆卸工具，有模有樣地在樹幹中的大裂縫中轉啊轉的，想像力十足。此外，這間幼兒園有接近三分之一的幼教師為男性，自然組便配有一位男幼教師，當天他帶了繩索綁在兩邊樹幹，繩索交叉打結後就成了可讓孩子攀爬的蜘蛛網。這位幼教師告訴我，自然組除了要讓孩子在野外體會「樂自心中來」的生活哲學，另一個重點是尊重大自然的一切，因此玩樂時的唯一規則，就是不可以故意折斷樹上的樹枝或任意摘採花朵，驚嚇或傷害動物更會被視為嚴重犯規。

自然組的老師向我說明，他們幼兒園全年度都在貫徹「無玩具」的精神，而

非採取「無玩具日」或「無玩具月」等間歇式實行方法，因此孩子們也習慣了「手邊有什麼就玩什麼」的玩樂模式。不過雖然說玩具止步，但幼兒園並不限制孩子們從家裡帶一些日常生活的回收物品或工具到校，只要向老師報備物品用途，且使用上不具高危險性，通常就可以帶進入園所。

因此，孩子們可不是只有玩玩園所內提供的紙箱、錫鐵罐，或是打打枕頭戰就結束一天的玩樂。有時孩子們會在用餐時邊吃邊聊，突然冒出一個新點子，大家就會開始討論需要哪些工具、哪些人可以從家裡帶東西到幼兒園，並根據大家的能力分派不同的工作，例如喜歡畫畫的孩子就負責草稿繪製，手巧的可以做裁剪或貼黏的後製作業，有些孩子則負責在外出時撿拾可供使用的材料。他們的老師告訴我：**沒有行事曆的學習生活，讓孩子自己有更多時間投入興趣領域裡**。之前有個大班的孩子迷上壓花，但因為不能任意採摘花草，所以她會自己跟同伴在地上尋找不同種類形狀的枝葉，還會帶舊報紙來學校吸水。

而另一半「音樂組」的孩子雖然也會外出，不過待在室外的時間不如自然組來得長。我們從名稱就能知道，音樂組的重點是在音樂律動，每星期固定有音樂老師會來上課，使用的樂器也符合無玩具精神，例如用牛奶鐵桶代替大鼓、透明果汁瓶加上爆米花粒就變成手搖鈴。音樂老師會清唱一首歌曲，或哼一小段旋律，孩子就會配合著節奏快慢及聲音大小來敲打樂器，或者跟著節奏舞動身體或四處爬行。

仔細巡了整個校區，我發現幼兒園雖仍保留書籍和畫筆，除此之外真的沒有任何玩具。帶有布幕的舞台區，一旁沒有可供角色扮演的戲服，只有幾個毛毯和抱枕；教室裡的收納盒裝有一些鈕扣和大小不一的小鐵盒，木塊和松果則各擺了一大箱放在角落。

當天身為觀察員要進行記錄和報告，其中一個指定項目，是要我們觀察當天孩子若發生爭執或吵架會如何解決。令人訝異的是，我和另一位觀察員整天下來都沒看到任何孩子吵架。縱使孩子們偶有意見不同的情況，也都不是什麼劍拔弩張的爭執。**總結來說，無玩具幼兒園乍看之下吵鬧且失序，但孩子的情緒表現和玩樂興致其實十分穩定。**

參訪德國不同幼兒園的經驗使我受益良多，我不得不聯想到「Kindergarten」

（幼兒園）一詞的創始者福祿貝爾（Friedrich Froebel），他是教育史上率先闡揚「遊戲」對孩子學習能力無比重要的先驅者。福祿貝爾相信孩子的成長與大自然息息相關，他們需要透過具教育啟發性的玩具來學習基本事物，所以他設計的二十件恩物（Froebel gifts）非常適合孩子的認知和發展需求，例如可以幫助發展手部小肌肉的力量，增進對比能力、手眼協調能力等等。

舉例來說，第一個恩物是六個柔軟的羊毛球，球體代表意義是大自然。三個主要球分別是色彩三原色——紅黃藍，另外三個球則分別是紫橘綠色，是三原色的混色。透過抓握、擺動、落下等動作，孩子學會了「這裡、那裡、上方、左右」等空間概念。

他的另一個主要恩物是積木套裝，尺寸有大有小的立方體木塊組合，幫助孩子認識從「部分」到「全體」的概念。福祿貝爾的積木是遊戲史上的重大創新，他希望孩子不要只是模仿周圍的世界，而是要使用積木作為創造元素。時至今日，木製積木已經幾乎是所有德國幼兒園的必備玩具。

其餘的福祿貝爾恩物涉及線條、圖案、顏色和結構等不同面向，但總歸而言，所有恩物的設計目的，都是基於教導孩子認識自然界中的基本原理和運作關係。這些在幼兒園被當作「玩具」的恩物，每一個都樸素、簡單，具有開放性玩法的特質。

頓時，這讓我對「玩具的存在意義」有了更深一層的思考。我雖不反對給予孩子們玩具，但如果單純只是為了玩耍，那麼也許換個東西玩也可行？

回到任職的幼兒園後，我跟其他老師分享觀察心得，以及我個人對於玩具的想法，討論後決定著手進行「無玩具日」的進階版，把下一次的月主題教學定為「無玩具月」，讓玩具假期從每週一日，拉長到持續一個月的時間，希望能對「無玩具運動」有更深一層的觀察體驗。

以彈性作息交換玩具，給孩子充分的適應期習慣無玩具的日常

坦白說，之前每週一次的無玩具日對孩子來說過於輕鬆，因為一個禮拜至少有四天能和各種玩具同樂，禮拜五的無玩具日反而提供了新鮮感。大紙箱、面紙盒和保麗龍塊等物品，讓孩子玩得更起勁。因為紙箱紙盒可堆疊、可拗折，保麗

龍板的跳躍式飛踢讓大孩子玩得瘋狂。和現成玩具不同，這類可回收的玩樂素材幾乎沒有使用上的限制，所以孩子們可以盡情上演大破壞，一天往往飛快結束，幾乎沒時間感到無聊。因此幼兒園執行無玩具日時，可說是沒遇到任何困難。

然而，那次到無玩具幼兒園的交流經驗，使我對這活動有了多一層的理解。據他們的說法：**無玩具運動應該持續至少三到四個禮拜，正式的研究報告則是建議最好到十二個禮拜，孩子才有機會突破乏味無聊的陣痛期，讓想像力和創意得以延展，並且加深團體間的溝通和協作能力。**在執行期間，老師們也必須放寬限制，並且保有更動部分作息的彈性。

以他們的觀點看來，一週一次無玩具日讓孩子體驗另類玩法的出發點很好，但是**實施時間倘若不夠長，每次活動很容易只有班上幾個特別愛主導的孩子表現活躍，卻難以達成全員參與的目標。**無玩具運動初期，之所以把實施期設為連續三個月，其中一個考量就是每個孩子的性情差異。因為不是每個人都能馬上適應玩樂方式的改變，有些孩子習慣藏身幕後只當觀眾，在活動初期多半會先靜靜觀察其他孩子如何狂想遊戲點子。不過倘若把活動期拉長，給予足夠的情緒暖身時間，就能發現那些初期較為安靜被動的孩子，也慢慢找回自己的學習步調，偶爾加入不特定的團體，並發揮自己的能力。

開會討論執行細節時，全體老師對新的無玩具計畫都感到相當興奮，一個月的實行時間很快就拍板定案，不過一談到執行的強度和方法時，卻費了不少功夫才達成共識。基於不少幼兒園在實行無玩具計畫時都會放寬規定，目的是為了不干擾孩子的玩樂興致，所以我們在無玩具月期間，只要求孩子不可以擅自移動大型家具，和不准破壞公物，除此之外對玩的方式不設限。孩子不只可破例爬到桌子上玩，沙發區的枕頭大戰也跟著解禁，就連吃飯都能根據個人需求，讓孩子自行決定用餐時間。

「我認為幼兒園還是必須維持基本固定作息。」米拉老師率先表達意見。

「但是孩子不會讓自己餓壞，大人所制定的用餐時間不見得真的符合孩子的需要。例如午餐吃飽的孩子，在下午的點心時間還不太餓，這也很正常。那麼讓孩子枯坐半小時實在沒必要，我們不妨嘗試之後再做結論。」德國幼教師凱莎則提出不同看法。我們幼兒園之所以實行無玩具日，一開始就是來自她的提議。

「如果考慮到家長額外付費的瑜伽課和陶土課程，我認為其實撤空玩具和放

寬部分規定就已足夠，畢竟一個月後還是得恢復原狀，現在若把作息跟環境完全打亂，之後孩子還得重新適應。」我繼續說：「不過，我認為無玩具月期間，可以試著讓中大班的孩子自由決定用餐時間。」

「這倒可以接受。三歲以下小班孩子的用餐和午休作息維持不變，但大孩子可以放寬規定自行安排用餐時間。整體而言，早上一樣去公園跑跳玩沙玩水坑，一週一次的才藝課程也不作變動。」米拉補充，隨即問道：「但玩具淨空只是第一步，廣義的無玩具日可是連彈珠積木都得消失，那麼在花園吹泡泡算不算違規呢？」

在座的老師都沉默了幾秒，凱莎點點頭說：「真是個好問題。」

「**無玩具運動並沒有一套固定模式可以套用，因為每個幼兒園的執行方式和強度都有差別**，我們其實能根據我們幼兒園的教育理念進行調整。」我說。

「這點我贊同。」凱莎給了個正面回應，接著又說：「我們可以先淨空玩具，像是樂高、汽車組合、拼圖積木、嬰兒娃娃還有木製廚房的杯盤餐具等等，都一律撤出園所。不過我建議保留水彩和畫筆，因為禮拜三還有藝術創作課，我不認為顏料和粉彩筆是玩具。至於吹泡泡的問題，我想可以直接讓孩子練習不帶任何非必要物品參加戶外活動，例如模型或挖土機等沙坑玩具，所以泡泡罐也應該在此列。」

「同意。不過，我對於哪些規定需要放寬，還有點拿不定主意。」我說。

「對我來說只要不破壞公物，不做高危險動作都可以，」米拉回答，「原本分區使用的限制要解除，我們甚至可以破例讓孩子在室內跑跳，或是推疊桌椅。大家的心臟和耳朵可要練強一點。」

此話一出，大家腦中浮現了許多可能發生的畫面，不禁都笑了出來。我們接著討論該如何搜集多樣化的素材讓孩子們發揮，並分配準備工作，為了即將開跑的無玩具月摩拳擦掌。

無玩具運動的 Q&A 複習筆記

Q1 「無玩具」一次至少要多久？為什麼要求長時間不中斷？

根據經驗與研究，無玩具計畫一次至少三到四週，甚至是三個月，才能讓孩子克服無聊的陣痛期，建立新作息與不依賴玩具的習慣。

Q2 無玩具期間連玩偶、畫筆都得一同禁止嗎？

無玩具運動的主要目的之一，是為了讓孩子克服無聊感，因此有些幼兒園會連玩偶與畫筆都禁止。但每個幼兒園都能根據自身條件與孩子年齡來調整標準，可先試著以循序漸進的方式減少玩具數量與種類，以及拉長無玩具的時間。

Q3 除了淨空玩具，無玩具計畫還需要哪些配套措施呢？

為了填補玩具的空缺，孩子需要開發新的玩樂方式，因此幼兒園可評估是否調整行程或限制。這些新奇的變動也能轉移孩子在活動初期的不適感，較容易適應玩具消失的日常。

淨空玩具不是老師說了算，還得先過家長這一關！

親師合作無間，才能拓展「無玩具」的最大可能

按照慣例，每次月主題活動開跑前，幼兒園都會寄一封電郵給全體家長報告教學內容簡介，讓他們也可提早準備活動所需要的相關用品。幼兒園每個月都會設定一個明確的教學主題，在主題設定上盡量選擇與孩子生活相關，或他們特別感興趣的事物，例如顏色、自己的身體、情緒、海洋動物或交通工具等等。家長接到信件通知後，隔天一早到幼兒園時，總是不吝給予肯定，感謝老師們教學認真。然而，在「無玩具月」主題底定並正式發文通知家長後，隔天大部分家長的反應雖然非常正面，但能感受到其中有幾位爸媽不太了解活動的意義。

家長沒直接說出口的疑惑，很快就被老師們察覺，於是我們決定在月底的家長會上，進一步解釋活動的細節與施行步驟。不過我覺得就算面對面提出解釋，家長對「無玩具月」的理解可能還是不夠完整，所以就在開會中向其他老師提出

大膽的建議：不如讓家長親身體驗一下無玩具的遊戲法。

老師們互看了一眼，似乎不是很確定我的方法如何奏效，我於是解釋：「我們可以將家長分組，每一組給予不同的開放性素材，請他們用這些材料合力完成一項作品，看看能激起什麼火花？」

「這個提議太好了！家長先試玩一下無玩具的體驗版，絕對會更容易理解這主題活動的精髓。」凱莎興奮地說。

於是，我們當場列舉了一些可以自由發揮創意的開放性素材，除了取得方便的紙箱紙盒、厚實的紙筒、鐵盒鐵罐、保麗龍塊和氣泡布，我們也把腦筋動到其他可能用得上的居家物品，例如棉花和鈕扣，或是已經磨損需汰換的舊衣物，如絲巾或手提袋。此外也請家長方便的話，帶一點材料到幼兒園以供月主題活動使用。克勞蒂雅甚至主動出擊，連續兩個晚上跑了好幾間餐廳和酒吧，詢問店家有沒有開瓶後的啤酒瓶蓋和紅酒木塞，能給幼兒園做活動使用。

德國老師經驗談

讓成人都瘋玩的「無玩具體驗」，是最強而有力的說服！

家長會當晚，雖然班上有幾位家長不克前來參與，不過出席率仍高達八成。我們依照他們抵達的先後順序分成四組，每一組四到五人不等。教室裡則散放四個工作台，桌面上擺放不同的材料，還有簡單的膠帶膠水、剪刀和畫筆。老師將先抵達的家長湊成一組後，告訴他們今晚家長會的暖身活動，是請他們自行選擇一個工作台並合力完成一樣作品。

「每個材料都要用上嗎？」一位家長問。

「不用。但限制只能使用工作台上的物品。所以早到的家長就有好處，可以先選擇要用哪個工作台上的材料。」我一說完，幾個家長面面相覷，有點不知所措。我帶著微笑沒有多作其他說明，就慢慢地淡出現場。

這些家長平日並沒有走得特別近，家長會也規定一次只能一位家長參與，所以這活動的另一個目的，也是讓大家消除生疏感，化解等待時間的尷尬。過沒多久，家長們陸續抵達，教室裡談論的氣氛也慢慢熱烈起來，有的小組七嘴八舌花

很多時間討論，有的小組有了點子就立刻動手做，發現行不通後也笑成一團。

「還有十分鐘，請大家完成作品，謝謝。」我說。

時間一到，老師們請家長歸位並展示成品。第一組的家長把氣泡棉剪成一個個橢圓形狀的水滴，用剪刀在每個水滴上面剪個小洞，最後以棉線串起便完工，完成一個雨滴吊飾。第二組只使用瓶蓋和保麗龍就創造了一件鑲嵌藝術品。第三組最簡單，只把寶特瓶割了個洞，把鈕扣當硬幣丟進去，做了個存錢筒。至於最後一組則把所有配件都用上，先把一塊塊的軟木塞用透明膠帶黏起來，做成木筏，再把舊報紙剪成風帆形狀黏在吸管上，塞進軟木塞間的空隙，一艘帆船就完成了！雖然家長們此起彼落的喧騰尚未停歇，我還是得把活動導入主題介紹。

「謝謝大家的配合。今天的破冰活動，是要讓各位家長實際體驗我們即將進行的『無玩具』主題活動。也就是說，從下個月開始，原本每週一天的無玩具活動，將改為持續進行一個月。」我說。

「我們有收到電子郵件的說明。請問玩具會全部收起來嗎？」一位媽媽舉手提問。

「是的，所有的玩具都會被收起來，」我說，「小班的孩子我們會直接替換成開放性的玩樂素材。中大班的孩子則會和他們以討論的方式進行，並解釋新的遊戲規則，孩子可以用表決方式來決定先撤下哪些玩具。」

「沒有玩具，孩子會不會因為覺得很無聊就不想來上幼兒園？」

「才藝課和日常作息會跟著變動嗎？」

「那在家裡也要同步無玩具一個月嗎？」

家長們的問題一個接著一個，於是我針對問題一項項解釋清楚。

「無玩具月」的親師討論時間，爭取親密戰友的最大支持！

「根據無玩具運動的經驗統計，絕大部分的孩子在實行期間，並沒有因為玩具被撤走，而降低到幼兒園的意願。事實上，**撤走玩具並不是不讓孩子玩，真正的目的在於深化孩子的遊戲體驗**。孩子們一樣會去公園跑跳，才藝課也都會繼續進行，唯一的差別在於這段時間老師不會編寫教案去主導任何活動。

「孩子當然有可能覺得無聊，不過就算他們有玩具玩的時候也會感到乏味，

所以重點不在於孩子們覺得無聊與否，而是在感到無聊時，該如何不假外力去突破心理上被綑綁時的無力感。

「至於家裡的玩具，可以不需要配合淨空。我們幼兒園向來不反對孩子玩玩具，只是希望進一步啟發孩子『玩的能力』，所以容我再重申一次：淨空玩具不是不讓孩子玩，而是提供一個孩子能換個方式玩的場域。」我說。

「實在很有趣。」一位爸爸點點頭表示贊同，說：「我明白了，孩子不是沒有玩具，而是換了一批新的『玩具』。這些玩具沒有特定功能，使用方式多元，因為孩子對這些日常物品沒有既定認知，玩法就不容易被局限住。」

「原來如此，」另一位家長也跟著發言，「就像我們剛剛不太知道該如何開始，但花時間腦力激盪合力完成作品後，除了好玩之外也有成就感。」

也有家長提出：「我非常贊同這個新的主題活動，但還是有點擔心一個月不會太長了點嗎？」

此時德國幼教師凱莎出手助我一臂之力，說：「這問題我們老師們也討論過。就如同剛剛凱特所說，無玩具日並不是要汙名化所有的現成玩具，但值得我們思考的是：這些玩具究竟能喚起孩子內在多大的玩樂驅力？因為對孩子而言，很多時候玩具只是一種暫時替代性的滿足，我們希望他們能夠透過跟他人交流互動的體驗，找到自己的角色和個別能力。根據正式研究報告的建議，無玩具計畫實行期間至少一到三個月之久，這是為了讓孩子有時間去適應種種變動。另一方面，**時間夠長才能讓孩子發現自己深層的需求，認識自己的優缺點，並學會克服無聊時的沮喪感，找到能發揮自身能力的小團體一起合作。**

「孩子在沒有玩具的幼兒園感到無聊是很正常的，甚至可以視為是必要的第一步。但這一個月中，孩子會學習如何消化無聊時的焦躁感，並自己找到方法排解，這種生活技能必須經歷長時間無間斷的練習才能養成。」凱莎老師解釋。

「那麼具體來說，有哪些部分算生活技能呢？」另一個家長舉手問。

凱莎想了一下，提供了以下的解釋：「簡單來說，就是個人的社交、認知和心理能力。例如孩子知道如何適當地與他人溝通或尋求合作，能根據不同環境制定決策，而遇到問題時也能調解情緒，有足夠的心理韌性克服挫敗感。」

「真是不簡單的大工程啊！」一位爸爸打趣地說：「聽起來是不是跟森林幼兒園的理念相似？」

「沒錯，但還是有些根本上的差異。」凱莎繼續說：「雖然我們跟森林幼兒

園一樣以開放性材料取代現成玩具，可是基於理念的不同，我們安排一個月後玩具就會重回孩子們的懷抱，而森林幼兒園的玩具禁令則是全年無休。此外，我們幼兒園的用餐時間仍會待在室內，也保留了陶土和瑜伽等課堂學習。」

「如果一個月後，孩子們也適應了沒有玩具的玩法，那讓玩具歸位的話不是又會回到原點？」這位爸爸緊接著問。

「這個月期間，我們會觀察孩子的行為和情緒改變，並書面記錄下來跟各位家長報告。我們無法確切預測孩子的反應，因為之前一週一次的無玩具日對他們來說挑戰並不大。但我們當然希望孩子能夠從中獲得正面收穫，就算只是一點點的內在創造力，還是值得一試。至於一個月後的玩具使用狀況要如何調整，我想還是得觀察實際狀況後才能決定。在那之前，我們十分需要各位家長的支持和理解。」凱莎做了總結。

當晚的討論氣氛異常熱絡，跟以往老師在台上報告，而家長多半坐著聆聽的狀況很不一樣。老師們經過家長幾番的「友善質詢」後，也終於放下心中大石，慶幸能獲得家長們的理解。這次家長會也讓爸媽們看到，身為幼教師的我們願意為了孩子做出多少努力，但就算額外多了不少的準備工作也甘之如飴。很多家長都認為這是個不簡單的挑戰，也對於孩子能做出新嘗試而感到興奮不已。我們也告知家長，無玩具月開始後，每週幼兒園會發一張意見表，他們可以把活動的心得回饋寫在上面，並直接投進幼兒園大門口的信箱，不必署名。

現在老師和家長都摩拳擦掌準備起跑了，那孩子們呢？

無玩具運動的 Q&A 複習筆記

Q1 幼兒園少了玩具，孩子會不會就不想上學？

從實務經驗來看，並沒有發現這樣的傾向。因為少了玩具並不代表失去玩樂，幼兒園仍會規畫戶外課程或遊戲時間，而且幼兒園裡還有孩子喜歡的朋友或老師，因此孩子還是能玩得開心，不會因此而厭學。

Q2 家長在家也要配合玩具淨空嗎？

不一定，家長可以根據孩子的狀況與自身條件評估。對於孩子來說，玩具仍有其教學功能、陪伴功能與情感意義，無玩具運動的目的只是降低孩子對玩具的依賴，並非否定與殲滅玩具的存在。

Q3 孩子因為沒有玩具而覺得很無聊，這正常嗎？

非常正常，因為「無玩具運動」就是要讓孩子察覺到無聊感，並自己想辦法去適應、克服這種感受，減少對外在刺激的依賴，調節自我情緒，也能培養面對問題的韌性。

Q4 恢復玩具供給後，這段時間建立的習慣與能力會歸零嗎？

因應不同孩子的情況而異，建議幼教師或家長執行時能觀察與記錄孩子的反應，根據這些反饋調整做法。

陪孩子做好情緒暖身操，歡送玩具去度假

「無玩具」不是懲罰，與孩子共謀一場快樂的遊戲大實驗

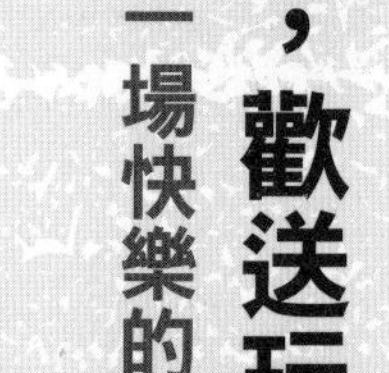

在我任職的德國幼兒園，每天日常活動安排通常會分成三大部分，若以時間占比由大到小來排序，分別是自由玩樂時間、月主題教學和一週一次的才藝課（有藝術創作、瑜伽和陶土課）。自由玩樂時間的占比最重，每天至少四個小時起跳，孩子每天早上不是到公園報到，就是去森林或湖邊步道跑跑跳跳；月主題教學的時間占比次之，每天會有部分孩子留在幼兒園輪流分批進行主題式教學。每個孩子大概一週都有三天以上的主題課程。

「月主題教學」是德國幼兒園中，唯一需要老師們編寫教案的部分。身為教學組長的我，通常會在開會時提供至少兩個主題，讓其他老師討論表決下次的月主題活動。在確定主題之後，老師們會有兩個禮拜的時間編寫教案，在月底之前把活動內容的細節交給我審閱，待我確定內容沒有問題之後，會安排每個老師在

當月的某一週，必須完成自己所寫教案內容。換句話說，在月主題開跑前，園所裡的老師都已經知道自己會在哪一個禮拜負責進行主題教學。

這次以「無玩具」定調的月主題卻非常不一樣，因為它本身的概念就是盡量解除對孩子的限制，老師們自然不能事先編排孩子要玩什麼或怎麼玩。也就是說，如果老師只是使用開放性素材，但實際上仍主導活動，就不符合「無玩具」的精神。我唯一能做的，只有請老師們盡可能把家中可利用的自然素材，帶到幼兒園來使用，再來老師們則必須找一天在晨間律動時間跟中大班孩子介紹「無玩具月」，月主題活動才能正式起跑。

以共識取代失去玩具的被剝奪感，事前與孩子討論很重要

當天早上的晨間律動時間，米拉老師領唱了幾首孩子喜歡的歌曲和手指謠後，把事先準備好的餅乾鐵盒和牛奶鐵罐擺出來，接著再從櫃子裡把平常使用的手搖鈴拿出來。她告訴孩子們下一首歌是〈我愛春天〉（*Ich lieb den Frühling*），他們可以用手搖鈴，或是把鐵盒鐵桶當作打擊樂器。幾個幸運先選擇的孩子們竟然

不約而同都選了鐵盒和鐵桶來拍打節奏，等到唱完，米拉老師問了句：「用鐵桶打擊奏樂好玩嗎？」

幾個手裡還抱著鐵桶鐵盒的孩子笑開懷地回答：「好玩！因為夠大聲！」

米拉老師接著說：「從下個禮拜一開始，我們會進行一個新的主題活動，我們稱它為『無玩具月』。所有的玩具和樂器都會被收起來，但是老師們也會準備一些有趣的東西讓你們玩，最棒的是你們可以不受限制地玩，甚至用餐和休息時間你們也可以自行決定。只有兩個大規則，就是不破壞公物和不打架。」

「呦呼！太棒了！」幾個大男孩樂得大喊。

「請注意，所有的玩具都會被收起來呦。現在請大家一起想一想，要向哪些玩具說再見呢？」米拉問。

孩子們接二連三地唱名，幾乎說出全幼兒園裡的玩具，突然有人問：「米拉老師，那拼圖算玩具嗎？培樂多黏土呢？」

「是的，它們也是玩具。我們在『無玩具月』裡只能使用日用品或回收物，例如空的鐵盒、鐵罐、寶特瓶，或是鈕扣棉線、大小紙箱紙盒等等。老師們已經準備好很多東西要給你們玩，不過如果你們有想到其他符合的物品，也可以帶到學校使用。」米拉回答。

「那四季更衣室裡的衣物呢？」孩子再問。

「這是個好問題。」米拉老師說：「你們覺得那些道具服跟配件算玩具嗎？」

這下子孩子們的意見一分為二：有的人認為有些搭配物件當然算是玩具，例如仙女棒或騎士盾牌；另一派卻認為有些衣物平常也會使用，如果老師們認為抱枕和毛毯不算是玩具，為什麼長裙和草帽就是玩具呢？

雖然孩子各說各的，意見僵持不下，但這些情況老師們都已事先想好了應對方式。米拉老師稍微拉高了嗓門，讓正在你一言我一語的孩子們注意。她說：「大家說的都有理。有的配件我們平日會用到，所以不該被歸類於玩具，但有的配件只有在角色扮演時才配戴，平常並不會使用，所以這類物件應該算是玩具。我們又不能單純地以衣服或配件來分，老師們也都認為這的確不容易，所以請大家一起幫忙分類，你們覺得如何呢？」

孩子們總算點點頭，有了共識。米拉說：「好，凱特老師會去準備一個大箱子，我們現在就走去四季更衣室，一起決定衣物間的玩具和非玩具的分類吧！」

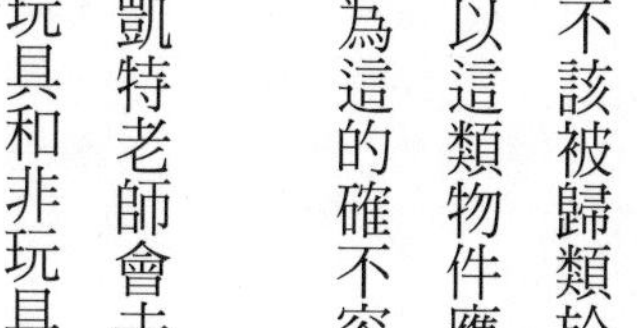

米拉也提醒大家，**不要根據個人喜好，而是以「是否為日常用品」作為分類標準。**我把數十件角色扮演的衣物拿出來，一件件地問：「認為是玩具的人請舉手。」若多數孩子同意該衣物為玩具，我便會直接放進收納箱中，不是玩具的就懸掛回去或放進衣櫃裡，很快地平息了孩子間的爭執。

令人訝異的是，中大班的孩子們似乎很清楚所謂「日常物品」的定義，只不過他們並不是單純根據「衣服」或「配件」的二分法，比較貼近以「想像」和「現實」來做區隔。例如，絲巾、公事包和蕾絲洋裝是日常用品，但是獨角獸裝和海盜頭巾就會被歸類為玩具。當然，中間也有些灰色地帶，例如建築工人的安全頭盔，是日常可見的物品，但也是存在於想像中的角色。雖然孩子投票後還是被歸為玩具，但少數方的孩子也沒有反彈，老師更極力避免充當多餘的仲裁方。

我們希望盡可能讓孩子明白，**「無玩具月」雖是由老師們發起的主題活動，但是他們才是玩具真正的主人，有任何想法都可以一起坐下來討論解決方案**，如此一來，也可以把活動期間的震盪或不滿降到最低。

「有捨」也要「有得」，給孩子放寬常規限制的蜜糖交易

「現在我們已經把四季更衣室的衣物分類好了。箱子裡裝的都是被歸類為玩具的物件或道具服，這也是我們一起打包好的第一箱玩具。之後的一個禮拜，我們每天都會一起把玩具打包裝箱，到下個禮拜五就正式送玩具去度假一個月。」米拉老師笑著說。

站在一旁的凱莎老師也跟著補充：「雖然這一個月沒有玩具，但你們多了很多新的東西可以玩，而且除了不破壞公物和不能打架兩個規定之外，基本上你們要怎麼玩都可以。**規定放寬就是要讓你們能更自由地玩**，例如，以前你們到公園或野外不可以隨意撿拾東西帶回幼兒園，但是從下個月起，只要不攀折任何植物，你們想帶樹幹、樹枝、小石子回來都沒問題。」

講到這裡，她也不忘先給孩子打預防針，說：「不過記得，我們不會帶足球或沙坑玩具到公園玩喔。」

孩子們聽了雖愣了一下，隨即又聳聳肩表示不在意。六歲的理查緊接著問：「那我們想要在外頭待多久都可以嗎？」

凱莎說：「我這樣說好了，用餐時間不變，九點是早餐時間，十二點是午餐時間，但是你們可以選擇晚點用餐，只要餓的時候跟廚房阿姨說一聲就好。在戶外的話，如果大家都想待久一點當然沒問題，但若大部分的人到中午時間已經餓了想吃午餐，或是累了想回幼兒園休息，我們還是要尊重當天帶隊老師的決定。」

「凱莎，到時候理查一定會喊餓的啦！」諾亞開著好朋友的玩笑說：「我非常確定！」

「到時候就知道了！」凱莎笑著對孩子們說，「無玩具月雖然放寬規定，但是不管在戶外或室內，還是要遵守基本規定，並不是要做什麼都可以。例如原本只能待在沙發區的抱枕和小毛毯，現在你們可以帶去別的教室玩枕頭戰。但若想待在沙發區的話，還是要盡量保持安靜，因為也許會有別的小朋友想看書或是休息一下。而且所有東西使用過後也要放回原位。」

「還有其他問題嗎？」主持晨間律動時間的米拉老師又問了一遍，然後說：「如果一時沒想到也沒關係，之後有問題都可以跟老師們說。」

「我還有一個問題。不能破壞公物，那紙箱算公物嗎？」亞倫舉手發問。

「你問得很好，」米拉老師回答，「所有放在教室裡的開放性素材，都可以不經老師允許就隨意使用。如果你們因為要執行某個計畫，而需要剪壞或是撕毀素材，這是沒問題的。桌椅也可以自由挪動，只要注意安全即可。不過，一些教室裡已經固定的大型家具，例如書櫃、衣櫃、窗簾，或是掛在牆上的大型畫作和燈飾，就不能任意移動或破壞。」

孩子們點點頭表示理解。

米拉老師做了結論：「**老師們不會去一一列舉所有細節，只給你們幾個大原則去遵守。因為你們都是大孩子了，所以我們相信你們有基本判斷能力，玩得開心的同時，也能做到盡量不妨害別人。**」

最後，米拉老師告訴中大班的孩子，「無玩具月」主題活動開始之後，每個禮拜五早上的晨間律動時間會留空做團體討論。孩子們可以利用這個機會告訴老師活動期間的感想，若有需要幫助或是不滿意的地方也可以提出來，大家可以集思廣益一起找出解決的方法。

親愛的玩具們，你們辛苦了，好好度假一個月吧！

經過孩子們討論確認後，
幼兒園的玩具們終於要放假了。
再見了，廚房玩具!
再見了，公主禮服!
再見了，積木玩具!
我們一個月後再會:)

無玩具運動的 Q&A 複習筆記

Q1 為什麼實施無玩具前要跟孩子溝通？

事前溝通不僅能讓孩子有參與感、對玩具消失有心理準備，也能訓練孩子為自己的承諾負責。三歲以上的孩子已經明白事理，有自己的主張，且能陳述自己的看法，因此建議和孩子好好討論。

Q2 如何判定「玩具」的標準？

可以告訴孩子以「是否為日常用品」作為判斷標準，個別物件的判定就讓孩子討論表決，大人們盡量避免介入仲裁。

「無玩具月」新鮮開跑

老師也要跟著玩具一起隱形，讓孩子重掌玩樂主導權

「無玩具月」在當月的第一個禮拜一正式啟動。孩子們陸續抵達幼兒園後，幾個家長臨走前還不忘給老師們鼓勵打氣地說：「希望活動進行的第一天會有個好的開始。」

老師們按照慣例把餐車推出來，幾個孩子也拿好餐具回到位置上準備吃早餐。五歲的瑪雅和湯妮有點納悶地問了句：「米拉老師說過不餓就可以不吃啊？」

我說：「你們不餓可以不用吃，可是有的小朋友想吃早餐啊！如果你們不想吃早餐的話，現在就可以去別間教室玩嘍。」

一聽到我的回答，幾個原本坐在位置上不太確定情況的孩子也順勢起身，表示在家裡已吃過早餐了，現在不餓想去玩，離開前問了我：「那箱子裡的東西我

們都可以玩嗎？」

我放下手邊的工作，轉過身對全部的孩子重申：「用餐和外出的時間都不變，自己可以決定要不要參加。老師們在每個教室都放了不同的東西，這些東西你們全都可以使用，不必先問過老師。但是如果需要幫忙的話，隨時都歡迎來找我們。不過，一定要遵守的兩個大原則是什麼呢？」

「不破壞公物，不能打架。」孩子們齊聲說。

「很好，去玩吧！」我笑著說。

話一說完，孩子們就喜孜孜地原地散開。

跟玩具說莎喲娜拉！直擊孩子們無中生有的創意大玩法

這次活動賦予孩子前所未有的自由彈性，讓大家都躍躍欲試。可想而知，孩子們的早餐時間比預期的提早結束，大家離開餐桌後的第一件事，就是跑遍幾乎被淨空的各個教室，好奇地翻看有哪些新鮮玩意兒可以拿來發揮。

場景1 「紙箱號公車」出發啦！

人氣指數超高的大紙箱很快被孩子們協力拖走，四歲的湯姆坐進去之後，後面的兩個玩伴施潘和馬歐爾默契十足地推著他前進，一直推到教室的一角，眼看紙箱無法順利轉彎前進時，施潘說：「請下車，換人上車。」湯姆腦筋動得快：「我還沒到站啊。」施潘打個商量說：「那下一站就要下車換我們了。」

湯姆同意，於是公車換個方向繼續駛行，一樣到了紙箱難以轉彎的盡頭，湯姆依約跨出大紙箱，換施潘上車，兩個大男孩又合力推著前進。現在輪到三歲的馬歐爾，湯姆看紙箱裡還可以再坐一個人，說著說著就坐進去。這下只剩施潘一人負責駕駛，他死命地推著載運兩個乘客的紙箱巴士，卻只前進了一丁點距離。

「公車跑不動啦！我推不了。」

施潘發出小小抗議，但突然想起了什麼，就朝另一頭正坐在栗子堆玩耍的好友大喊：「艾瑞克你來幫忙我推一下！」艾瑞克加入之後，紙箱公車又立刻從僅限單人乘坐放寬到容納雙人，再度往前駛去。

場景2 躲在桌子毛毯下的「地心歷險」

同時間在另一間教室裡，幾個孩子正著手進行一項大工程。他們把三張桌子全部拉在一起變成一張超級長桌後，四歲的提歐一開始是興奮地爬到桌上又跳下來，又叫又鬧重複幾次後倒也乏了，此時看到兩個好朋友鑽到桌子底下匍匐前進，立刻決定加入地底探險之旅，跟著在長長的桌底爬行。

但一爬出洞穴，提歐又說：「等一下，我去拿大毛毯來」，然後飛也似地跑去帶回幾條大毛毯，接著把一條毛毯鋪蓋在桌子上，大大的毯子垂墜到桌腳，其他兩個孩子也跟著幫忙，完成的儼然是一條又長又暗的地底探險隧道。

場景3 來場優雅從容的木塊下午茶

早餐時間喊說不餓的湯妮，正跟瑪雅兩人在四季更衣室換裝玩扮家家酒。她們喜歡的木製廚房雖然還在，但是那些原本在架上的精美杯盤都被收起來了，衣櫃裡的衣物和配件也被淨空一大半，不過兩個女孩不受影響地準備著餐點。瑪雅姿態優雅地享受著下午茶，但湊近仔細一瞧，遞上桌的佳餚其實只是木頭一塊。

這時湯妮突然說：「我有點餓了，想去拿我的早餐盒，妳不餓嗎？」瑪雅搖搖頭表示不餓。過沒多久，湯妮打開早餐盒開始吃起來，又替自己倒了杯水，瑪雅這時也靠了過來，拿了個杯子說：「我也渴了。」

於是在用餐時段也變得彈性的自由玩樂時間裡，兩個女孩從原本靠想像力發揮的木塊家家酒，變成了真實的愜意野餐。

場景4 敲敲咚咚，衛生紙捲筒變身！

幼兒園建造區的樂高和火車軌道被收起來後，取而代之的是老師們準備的各種日常素材，例如衛生紙卷、空的面紙盒、棉線、軟木塞等等。這區的人氣指數似乎特別高，不少沒外出的大小孩子都聚集在這裡玩，只是玩的方式略微不同。

中大班的孩子們有時會先討論出一個計畫，再去尋找符合的建造物件，不過有時也跟小班的孩子一樣就只憑直覺探索。而一個裝滿栗子的大箱子，再加上簡單的錫罐鐵盒，就可以讓好幾個小班的孩子歡天喜地又舀又倒好一陣子。

兩歲多的盧卡和米歐則對短短的厚紙筒特別感興趣，手裡抱了三四個紙筒卻邊走邊掉，撿了好幾遍發現行不通，此時米歐一眼瞄到一旁的椅子，靈機一動把椅子反放充當手推車，這下子能帶走的紙筒又更多了，同伴盧卡也跟著如法炮製，兩人合力帶走了幾乎全部的厚紙筒。

盧卡先把所有紙筒平放在地上，推疊著玩了一陣子，突然站起來拿著兩個厚紙筒敲擊著玩，米歐

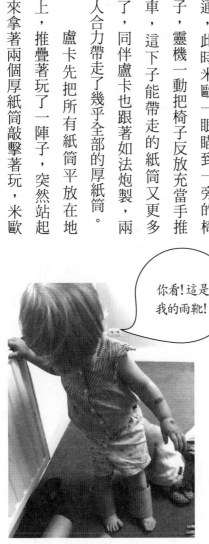

跟在後面也又唱又跳，轉著圈拍打著紙筒。這時候，兩歲的夏洛特加入隊伍，原本只是站在一旁觀看的她，跟著繞了幾圈之後把厚紙筒套進手中當作手環，接著走到兩個紙筒前，硬是把紙筒給塞進兩腳的腳踝，得意地跟盧卡說：「這是我的雨靴。」

從「指導者」退位的老師們，請成為孩子身邊的透明守護者

無玩具運動的大守則之一，就是老師必須完完全全退居幕後，不貿然打斷孩子的節奏。一般來說，即便德國幼兒園一直奉行「自主學習」的精神，但孩子仍須告知老師他們想要做什麼，以及在哪間教室進行活動。這次因為「無玩具月」的主題活動給予孩子們新的自由體驗，所以我們會盡可能地當個透明人，就算看不出來孩子手上的素材用途為何，也不會主動詢問。

這是基於之前一週一次無玩具日所得到的實際體會。我們發現，**即使是出於好奇或好意，若在孩子拿到素材後便馬上詢問用意，有可能在無意間阻斷孩子的思路和創意，**這點在中大班的孩子身上特別明顯。因為孩子可能只是當下隨機想

到一個答案，試做之後倘若發現行不通，便會來詢問我們怎麼做才會成功。即便老師們盡量不給予直接答案，但孩子一旦有了先入為主的想法，反而會阻礙創意的無限延展。

對老師們來說，**比起孩子在「無玩具日」建造了什麼曠世巨作，更重要的是，要讓孩子練習自己構思玩耍的千百種可能，這也是為什麼老師們只提供沒有明確功能的開放性素材。**

不僅如此，老師們同時要盡可能地當個透明人，這一點在活動一開始時實在不容易，因為無玩具月期間的自由大解放，讓孩子如脫韁野馬般火力全開，在幼兒園每間教室進行各種大工程。此時老師們得提醒自己：就算孩子再喧鬧再吵，不到緊急狀態都不要輕易介入。即使眼前有的孩子任意搬疊桌椅跳上跳下，有人拿著紙箱套頭四處盲走，另一角落有人拿木塊敲擊著鐵桶上演鑼鼓喧天，老師們都只是側面觀察並記錄，偶有孩子忘記收拾時，才適時給點提醒。

衝突冒犯不可避免，但請放手讓孩子學習自行溝通排解

無玩具月持續實行近兩個禮拜後，某天下午，五歲的妮娜在沙發區坐了下來，吹響第一個哨聲。

這個口哨是老師們經過一個禮拜的無玩具活動後設置的，目的是當狀況發生時，能夠即時進行全班性的意見交流，而不用等到禮拜五的晨間會議。

哨聲響起時，全班都愣了一下，我提高音量對孩子們說：「全班請注意！妮娜有話要說，請大家找個地方坐下來聽她怎麼說。」

「我認為現在的沙發區太吵了，根本沒辦法看書或休息。」妮娜提出抗議，臉上的表情看來積怨已久。

「有人遇到一樣的問題嗎？」我問了大家的意見。

「真的很吵，而且沙發區的抱枕全部都被拿光了。」有人附議。

我再問了大家對聲量大小的想法，大部分的孩子其實不覺得很吵，並且表示他們進入沙發區旁的木製廚房都會放低音量。其中也有孩子出來反駁：「要怎麼玩，你們才不會覺得吵呢？」

雖然我能透過全班投票表決後，以多數決迅速宣布結案，但老師們都清楚就算孩子沒大聲吼叫，但玩遊戲時的音量絕對不算小，對想安靜的孩子來說實在不是舒服的放鬆環境。平常的話，老師們可以依園所規定，強制要求孩子們放低音量，但是基於「無玩具月」的規定放寬，我不能擅自限縮他們的自由，因為中大班的孩子本來就沒有固定的午休時間。

凱莎老師這時問了妮娜：「那妳有什麼想法嗎？」

妮娜說：「我覺得他們想玩的話，可以把東西帶到別的地方玩啊！因為跟他們說也沒用，他們安靜了一下又會變得很大聲。」

「這樣的確很難靜下來休息。」凱莎表示理解，又問：「誰有想到解決辦法嗎？」

「我們可以分成兩個基地，想安靜的就去沙發區，其他的教室就可以正常玩遊戲。」有人提議。

「可是我們又不想休息，這下子不就整天都不能進去木製廚房玩了嗎？」又出現了一波反對聲音。

「如果一整天的時間太長，那就訂出一個時段吧。」妮娜說。

「我覺得這個主意不錯，大家還是有機會進去玩，但是想休息或看書的人也可以有地方好好安靜一下。」我對妮娜的方法表示認同，緊接著詢問全班的意見，說：「如果沙發區訂一個固定時段，比如說在某個小時內，只有想安靜看書和休息的人可以進入，其他想去玩具廚房玩的人就等這段時間過後再進去，可以接受的請舉手。」

班上的孩子總算達成了共識。

「好，那我們稱這小時為『寧靜時間』，大家要注意喔。」凱莎老師說。

那天之後雖然哨聲又響了幾次，不過在經過幾次全班性的討論和修正過後，一開始稍嫌粗略的運作模式，到了第三週已經理出一套新的配合方法。過程中老師不直接給予解法，而是一起跟孩子對話找出最大共識，因為有些問題不能以簡單的多數決來平息紛爭。

這些討論與溝通不只是為了解決孩子的爭吵，其實也是在提醒著孩子：即便在自由的疆界裡，也要在心中保有對他人的尊重與體貼。

無玩具運動的 Q&A 複習筆記

Q1 在無玩具期間，老師該如何介入孩子間的紛爭？

如果孩子們是首次嘗試長時間的無玩具計畫，勢必需要一段摸索期來磨合彼此的作息、建立自己的新規矩。如果孩子們沒有違反事前討論的規定，只是彼此間意見不合，此時建議老師只要提供孩子發聲管道與討論機制，引導孩子說出自己的想法，盡量讓他們自行達成共識。

戶外玩耍不停擺，探險樂趣大升級！

學習放大「發現」的樂趣，大自然就是最寬闊的遊樂場

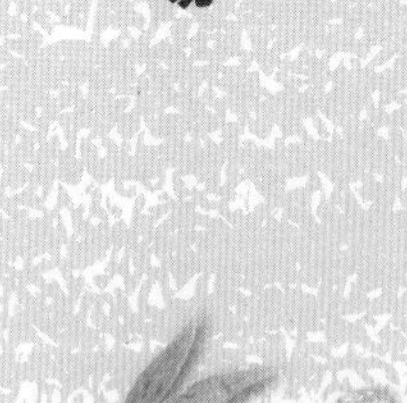

戶外活動是「無玩具月」中少數維持不變的日常，老師們僅僅做了一些微調，例如出門時不帶上足球和沙坑玩具，但是我們告訴孩子，只要不攀折樹枝花草，他們在野外找到的有趣東西都可以帶回幼兒園使用。所以，在無玩具月期間，每天都能看到孩子們自己拎著小水桶站在門口，迫不及待等著領隊老師一起出發。

每個幼教老師的口袋裡，都一定裝過幼齡孩子們給的寶物，這些寶物可能是橡果或是小石子，或是遺落路邊的瓶蓋、鈕扣。在我們眼前不經意忽略的萬物景象，對孩子們來說卻有莫大的吸引力。在實行「無玩具月」期間，老師們最不用操心的就是戶外活動的部分，因為對德國孩子們來說，大自然就是最寬闊最有趣的遊樂場。

少了玩具，其實是把探索的時間跟好奇心歸還孩子

之前我曾經臨時起意做了幾次小小的實驗，就是帶孩子到公園或野外玩耍時，偶爾刻意不帶上任何沙坑玩具或球類。我發現每次孩子們進入公園後的第一件事，就是向遠處一邊奔跑一邊吼叫，如果當天老師們有把玩具帶著，他們奔跑到盡頭後會知道要轉圈跑回來搶玩具。因為玩具有限，動作太慢的孩子只能摸摸鼻子離開。但如果當天我沒帶上玩具，孩子們會很自然地調整玩耍方式，結束剛進公園的那段奔跑後，就會開始進行尋寶遊戲。這麼多年下來，當他們發現我沒把玩具帶上時，從來沒有抱怨過，似乎把這種情況當作既定事實就淡然接受了，絲毫不勉強。

我原本以為，可能是因為公園裡還有其他大型遊樂設施的關係，所以沙坑玩具對他們而言影響不大，後來發現並非如此。幼兒園幾次校外遠足來到農場或沒有遊樂設施的自然公園，孩子們也是重複同一套奔跑吼叫，然後就自行散開去探險。觀察了幾次，我在開會時提出我的發現，其他幼教師們也覺得挺有趣，於是

大家決定，外出時如果孩子沒有特別提出要求，老師偶爾不帶玩具也無妨，但如果公園有其他分校帶來的玩具，則不限制他們使用，原則上只當作偶一為之的嘗試，而非作為禁令來執行。

先前提過，**「無玩具計畫」之所以避免在冬天實施，是因為零下的氣候不適合幼齡孩子在戶外久待，除此之外，此時的戶外更少了讓孩子「探險」與「發現」的樂趣。**

德國冬天百物蕭條，大地被靄靄白雪覆蓋，雖然一片銀色大地很適合孩子堆雪人、打雪仗，但若要「探險」加上「尋寶」，夏秋兩季無疑才是最適合孩子出外撿拾自然素材的時節。

「無玩具」放寬的規矩之一，就是允許孩子可以把在戶外撿拾的物品帶回幼兒園玩，因此以前不能帶的小石頭、長樹枝，現在都讓孩子一一隨意入袋。我們幼兒園裡有一座小花園和小沙坑，儘管不算大，但離孩子每日跑跳的公園僅有幾步之遙，因此如果孩子們一時興起，要把大木塊或樹幹扛回去，幾個小男孩合力也能不太費力地就運送回幼兒園，孩子一邊扛著還會大聲喊說：這是消防車，他們是消防隊員要經過，請大家讓開。

至於未滿三歲的幼幼班，雖然還不能扛起大樹枝，但入秋之後滿地的松果、橡實、歐洲七葉樹的栗子，就足夠他們消磨一上午的時間。早上整隊出發前，我們會給每個自願外出撿拾的孩子一個小籃子，每次出遊大概六位小孩加上兩位老師，其實幼兒園的公園就有很多東西可以撿，但若時間充裕的話，有時我們也會帶孩子搭公車去附近的漢堡市立公園，看看能不能有其他有趣的發現，增添點新鮮感。

可不要小看幼幼班的孩子，他們可能力氣不大，但卻有超級堅定的意志力，一旦跟他們說好要撿拾的目標，他們看到就不會輕易放過。所以，就算已經任務完成，每人都手提一籃塞得滿滿的，在回幼兒園的路上還是不時有孩子嚷著「這裡還有！這裡還有一個！」。

走走停停幾輪，好不容易回到了幼兒園，孩子們把撿回來的「寶物們」放在大型白色水箱裡一起洗滌乾淨，再放到大毛巾上風乾。等到下午，這些撿回來的自然素材，加上大小不一的鐵罐、鍋碗瓢盆，就可以讓孩子們玩上整個下午。

為「發現的樂趣」加值，沿途發現的寶物都昇華為創作素材

在德國，一些標榜「開放式學習」的幼兒園是沒有制式課堂活動的。不只沒有主題教學，也沒有才藝課，孩子一整天就是忙著玩和交朋友。然而，多數幼兒園仍在自由玩樂時間占一天活動最大比例的大前提下，提供額外付費的才藝課程，例如一週一次的打擊樂、英語課，而我們幼兒園則有陶土、藝術創作和瑜伽課供家長做選擇。可想而知，陶土和瑜伽課需要才藝老師的全程引導，但藝術創作課則不在此限。在所有才藝課中，只有它符合無玩具運動裡「大人不主導孩子進行任何活動」的概念。

在和其他老師開會敲定「無玩具月」的主題活動之前，我有點猶豫才藝課是否應該也跟著停課一個月。因為我知道有些幼兒園在執行無玩具期間，是沒有任何才藝課，也不給孩子畫筆和顏料的。最後，因為我認為藝術創作課的老師畢媞娜幾乎很少指導孩子應該如何創作，也經常使用自然素材，我相信以她一貫的作風，絕對可以在不失原創精神的情況下讓孩子多點體驗。

所幸根本不用我多費唇舌，老師們的想法一致，決定所有才藝課照常上課，

無玩具月實施後，幼兒園增加了戶外活動行程，
例如帶孩子去逛菜市場、參觀消防車。
同時，幼兒園也放寬了戶外撿拾物品的規定，
每天都能看到孩子們自己拎著小水桶站在門口，
迫不及待等著領隊老師一起出發。

才藝課老師們也配合主題做了點課程調整。例如瑜伽老師改到戶外去上課，而原本很少帶孩子外出找靈感的畢緹娜，也允諾會依天氣狀況，帶孩子去戶外尋找創作材料，在最低限度下給予孩子必要的協助。

每週二的藝術創作課，畢媞娜偶爾會讓所有孩子一起完成大型畫作，不過她也會讓孩子一人無拘無束地揮灑。畢媞娜會用膠帶把吸水力高的棉紙固定在桌上，然後拿出粉蠟筆讓孩子塗畫，過程中不給任何指示。等孩子畫過癮了，她會請孩子自行選擇用畫筆或海綿塊蘸上水彩，再多添一個色彩的層次感，這個方法不論大小孩子都適用。偶爾看到畫紙太溼，畢媞娜就拿塊乾布輕輕把過多的水分吸乾，卻幾乎不曾聽過她對孩子的揮灑方法或力道有過干預。如果她有一些好點子，也會在課堂上跟孩子討論可行的方法，只要孩子的方式不至於摧毀畫具，她時時展開雙手擁抱創意。

畢媞娜也會配合節慶事先準備一些樹葉或樹枝等自然素材，貼黏在師生們合力完成的畫作裡。天氣好的時候，她還會扛著畫架，帶著中大班的孩子去工作室作畫，鼓勵孩子去找可以用上的自然素材帶回幼兒園，就算這些素材無法貼在畫

才藝班老師也配合無玩具月進行課程調整，
像是藝術創作課會讓孩子外出採集素材來創作，
瑜伽老師則是帶著孩子到戶外體驗與自然合而為一的感覺。

布或畫紙上，經過美術老師的巧思，也能化身為優雅獨特的櫥窗裝飾。畢媞娜是入園十年的元老級教師，拜她所賜，很多上過她課程的孩子都練就一身就地取材的好本領，常有令人眼睛為之一亮的創作。

因此，當畢媞娜聽到我們要進行無玩具的主題活動時也很激賞，她一早就帶著孩子們到公園裡，任他們隨意撿拾木塊、橡果、樹枝和樹葉，同時也不忘提醒孩子不要刻意摘取花草，或攀折樹枝。所有孩子都完成取材後，就整隊回幼兒園，她會先請孩子拿小毛巾把這些撿回來的自然素材擦拭乾淨，接著把它們攤放在大毛巾上，問問孩子們有沒有什麼想法，盡可能地利用他們發現的東西來進行創作。

有些孩子提議用樹葉印畫，或是直接以樹枝作畫，但馬上被其他人反駁說之前做過類似的畫作；此外還有人想把橡果和樹葉塗色，但是對於大家辛苦合力搬回來的大木塊，孩子們則沒有特別的想法。

「沒關係，我們一步一步來討論，想把橡果和樹葉塗色的請舉手？」她一問，多數的孩子都舉手表示贊成。

「除了把樹枝貼黏在紙上，或是當畫筆使用，大家還有什麼好點子嗎？」畢緹娜問。

「大一點的樹枝可以拿來掛東西，不一定要畫畫。之前我看過凱莎老師都拿樹枝來掛我們做好的紙花。」艾蜜莉說。

「我知道了，可以把樹葉或橡果掛在樹枝上！」有人也附和。

「你們提出的點子都非常好，這下我們可以一起來創造一個大型的懸掛裝飾品。」畢緹娜讚賞地說。

於是孩子們自行挑了喜歡的顏料，把樹葉和橡果塗滿顏色，待它們風乾後再打個小洞，用細繩綁著掛在大樹枝上，最後畢媞娜再把裝飾完畢的樹枝架在樹幹上當作底座，放在幼兒園的接送區當作主題活動的展示物品。

無玩具月的最後一週，畢媞娜帶來四個可愛的草編提籃給孩子們外出時使用，她說只能撿籃子裡裝得下的中小型素材，太大的樹幹或太長的樹枝這回先捨棄不用，孩子們聽了就散開來找材料了。回到幼兒園後，她一樣請孩子先把部分材料擦拭乾淨，方便稍後使用。

接著畢媞娜將四個籃子的東西分類大致攤放在大毛巾上，無法分類的就留在

籃子裡，然後告訴孩子們：請使用籃子裡的素材創造出一件作品，要一個人完成或團隊合作都行；桌上已經擺了畫筆、刷子和各式顏料，若額外需要的器具也可以跟她說。話一說完，孩子們紛紛向前打量著剛剛隨意撿拾回來的材料，又是一陣七嘴八舌的討論。

腦筋快的喬納生很快就喊著：「我知道我知道！我要畫一顆幸運石。」

平常才藝老師上課的時候，只會有一位幼教師在旁陪同並協助，而那天剛好是我在場。我一一審視孩子們撿拾的物品，發現其實沒有什麼新鮮貨，都是些小圓石、樹葉、橡果和小樹枝等等，有的孩子甚至還撿到了寶特瓶蓋及硬幣。雖然大部分的孩子都比較偏好使用一般的自然素材，不過創作的方式卻各有奇招。

孩子透過每日的尋找撿拾、觸摸嘗試，不僅能判斷每樣自然素材的特性，還能自行實驗出不同的使用方式，每樣東西都可以當作工具或創作的素材。

有的孩子偏愛按壓樹葉作畫，有的則要了一張大開的色紙，就坐下來慢慢把樹枝和樹葉貼成一朵花。不過當天最讓我驚豔的，是幾個女生一起完成的作品。她們起初用樹枝蘸滿顏料隨意揮灑幾筆後，接著又改用刷子來塗滿，當作畫作的底色，然後在等顏料乾的同時，把不同顏色的樹葉剪成大小一致的方塊後，耐心一塊塊地糊上樹脂，散亂貼黏在紙上，整件作品具有強大的視覺衝擊力。

畢婕娜告訴我，身為藝術創作者，她認為偶爾提供想法或範本給孩子也無妨，但不應該是長期只用這種方法。**孩子一開始會模仿是很自然的，但若要求幼兒園的孩子每次上課都要創作出一幅有範本的畫作，就很容易讓他們習慣不做變化。**所以她希望孩子真正學會的是一種「嘗試」的原創精神，而不是每次下課都要帶一幅精美的畫作回家給家長看。就算孩子一時沒有想法，也可以透過與他人一起合力創作來激發靈感。

無玩具運動，其實就是一種原創精神的覺醒，鼓勵孩子衝破思考上的限制，體會從無到有的發現。

無玩具月的成果發表會

學習放手但不是放生，混亂中的成長更需要大人的守望陪伴

從一週一次，進展到持續一個月每天不間斷，當初抱著實驗心態所發起的「無玩具月」也終於將畫下句點。幾位老師在這段期間持續進行側面觀察與隨寫，希望能將這個活動完整記錄下來，之後可以與家長和其他分校的老師們分享心得。活動結束前幾天，我們開了一個會討論各自的心得，發現大家在孩子身上觀察到的幾個行為改變全都不謀而合，也使得這次的活動發現極具參考意義。

我們隨即向家長發出電郵邀請，告知幼兒園即將舉辦「無玩具成果分享會」，依家長意願自由參加，分享會大約一個到一個半小時。因為考慮到會討論孩子行為表現等細節，所以這場活動只限家長參加，不建議攜帶孩子同行。電子邀請函一發出，當天就有不少家長即時回覆表示想要參加，幾位不克前來的家長

也積極地主動詢問老師，關於分享會的內容可否做成書面報告，讓他們也能進一步深度了解「無玩具活動」的實質收穫。

分享會由我負責主持，我再次解釋之所以想提高「無玩具日」強度的原因，是受之前幾次到「森林幼兒園」和「無玩具幼兒園」的參訪經驗所啟發。

我說：「我在參訪時發現，那些孩子就算沒有玩具也絲毫不以為意，幾塊木頭和鐵鋁盒就可以發想出好幾種玩的點子。最奇妙的是，我和同行參訪的老師都發現到一個不可思議的現象，那就是整個校園簡直和平到難以置信，一整天都沒看到任何孩子發生爭執和打鬧。這並不是因為當天有參訪老師在場的關係，因為我們到處走、到處看，很多時候孩子們根本不知道我們藏身在哪裡觀察。雖然意見相左，卻沒有劍拔弩張的氣氛，孩子們三言兩語就達成共識，一轉頭又投入剛才的遊戲中。」

講到這裡，我頓了一下，笑著對在場的父母說：「當天的這個發現，促使我有了延長『無玩具日』為『無玩具月』的計畫。今天很高興能向各位報告，這活動最大的收穫之一，**不只是降低孩子對於擁有某物的欲望，更重要的是，從無到有的創造過程為他們帶來更大的滿足感。孩子雖然仍會有意見不合的爭執時刻，**

但是重心已不在『占有』，而是『如何創造或執行』。就這一層意義上來說，我們很樂見孩子唇槍舌劍的討論。」

看到台下的家長們點點頭，我又接著說：「玩樂是這時期孩子們最重要的活動。就像運動一樣，當我們從事某一項主要運動時，可以同時交叉進行幾組不同的運動，來鍛鍊各部位的肌力，追求表現上的突破。無玩具活動在這層意義上，跟運動是相當相近的。我們想要**強化孩子在精神上不同面向的耐受力**。」

「無聊」是一種鍛鍊，暫別玩具反而讓孩子從小事發現快樂

台下家長的表情有點似懂非懂，我知道這說法或許過於籠統，便舉了一些生活上的例子幫助他們理解。我先請他們回想孩子一天的日常作息：從起床後盥洗到幼兒園，然後是吃早餐、晨間律動，接著是選擇外出或待在室內的自由活動時間，經過午餐午休後，又是自由活動時間，最後放學。

我跟他們解釋，固定的生活作息和穩定的活動步調，對孩子來說至關重要，所以自由時間對幼兒園的活動分配來說，向來都是占最大比重。孩子早上選了外

出，午睡醒來後也許想玩汽車組合，之後再拼樂高，只要孩子喜歡，這安排的確沒有什麼不好。但我們希望孩子們的自由玩樂時間，不只獲得活動選擇上的自由，也可以提高另一個層次，達到意象上的自由——能讓孩子什麼也不做，或者鼓勵他們進入深層玩樂的領域，打破玩具使用上所限制住的結界。

「不管在家裡或幼兒園，我們總不自覺地認為，應該要替孩子擺脫無聊的狀態，就如同一個固定路徑的循環，大人主動提供幾種選項，讓孩子練習從中做決定，孩子玩到乏後就活動中止，再繼續進行下一個遊戲選項。是不是聽起來很熟悉呢？」我說完環顧台下，發現好多家長心有戚戚焉地點點頭。

我笑說：「別擔心，這種方式並沒有問題，但前提是除此之外大人必須提供其他活動來進行『交叉訓練』，無玩具活動的存在意義正是在此。它能夠補強日常教養方式裡的不足，我們必須讓孩子知道，**日子過得好不好玩，取決於他們會不會玩，而非手邊有多少東西可玩。**」

有位媽媽舉手發問：「我想請問一下，從無玩具日到無玩具月，不同年紀孩子的反應是否也有落差？這段時間我在家也不動聲色地近身觀察，我發現大孩子

回到家還是玩具照玩啊？不過小的似乎就對自然素材比較感興趣，散個步就一路撿拾小碎石和細樹枝帶回家。」這位媽媽有兩個孩子在我們幼兒園，當時分別就讀於大班和小班，她的觀察也得到了一些家長的共鳴。

「我們家五歲的魯迪在家也是會玩玩具，但是他玩每一個玩具的專注時間真的有變長。我看到最大的改變是，他開始喜歡動手改造，而且常常主動提議要來一起手作玩具。」魯迪媽媽說。

「謝謝幾位家長的意見分享。你們的觀察很正確，我們也發現年紀愈小的孩子愈不受玩具使用的限制，而且比起現成玩具，孩子在把玩老師提供的素材時，反而能有更長的專注時間。」我說。

大小孩子的反應差異：攜手執行大計畫 vs. 模仿彼此互學互樂

【幼幼班】小小孩喜歡互相模仿、把玩素材本身建立認知

我向家長們說明：三歲以下的孩子不很清楚這些素材的主要用途，所以會感

到好奇。他們一開始也許會敲敲打打，或是揉一揉、捏一捏，之後仔細端詳該物品的外觀形狀，並嘗試各種遊戲的可能。

一般來說，幼齡孩子多數仍維持單獨遊戲模式，教室裡寥寥無幾的物品並沒有讓他們急著想占為己有，反而更積極地呼朋引伴一起同歡，彷彿因為眼前的玩具被全數淨空，重心便自然而然地由「玩的物件」轉移至「玩的夥伴」。有別於中大班孩子七嘴八舌共同商議「大計畫」，三歲以下的孩子其實比較傾向於「互學互樂」的方式。

以日常素材栗子為例，孩子一開始會拿容器舀倒，栗子散落一地之後，原先舀倒的動作會停止，接著其中有個孩子拿了個寶特瓶，開始一個一個地把栗子塞進去，但是塞進去之後才知道沒法拿出來，就拿來給我要我幫他取出栗子。我攤攤手說沒有辦法，孩子的反應也沒有太失望，於是一邊搖著寶特瓶，一邊像是演奏樂器般邊走邊搖，幾個孩子看了後也如法炮製，頓時現場有如打擊樂團演出，好不熱鬧。

玩鬧了一陣子，班上快兩歲半的雅娃又有新點子，她把栗子一股腦兒全部倒進衣服裡，走到我面前，古靈精怪地看著我笑。我打趣地問她，是不是吃了太多

栗子所以肚子才變得這麼大，話才剛說完，孩子們又開始流行玩起這個「栗子大肚腩」的遊戲。

【中大班】男生女生一起玩，拓展玩耍人際圈

「至於三到六歲的孩子，在無玩具期間除了大量的角色扮演，最有趣的是可以發現他們的『遊戲好夥伴』不再局限於原本的三兩好友，而且男生女生一同遊戲的畫面也比之前常見。」我說。

我向家長進一步說明幾位老師的推斷：也許是因為中大班的孩子已經慢慢接收到男女玩具的刻板印象，所以有時候一群女生抱著娃娃在玩具廚房玩扮家家酒的時候，男生要加入好像比較有難度。**但當一個日常物品被當作玩具時，它本身是不帶任何性別符碼的物體，所以孩子的參與意願不會受到傳統男生玩具、女生玩具的刻板印象所局限，心裡覺得有趣就加入，比較不用去考慮其他因素，因此大家一起玩的頻率比以前高。**

我繼續舉例：「還有一點不一樣的是，偶爾三歲的孩子會開口跟老師說想玩

哪種玩具，例如班上最喜歡玩動物組合的亞倫，私底下問了我兩次可不可以玩動物組合，我都跟他說玩具去度假了，一個月後才會回來。被拒絕兩次後，亞倫後來也沒再問了。因為比起動物組合，他更喜歡去戶外跑跳，或是去花園玩水。雖然他起初可能會因為少了動物組合可玩而失望，但也不見他失去動物組合就玩得不開心，我們發現孩子們大都很快就能找到新的遊戲方式。」

發呆也沒有關係，無所事事就是人類最天然的抗壓機制

「所以班上會比平常更吵嗎？」一位家長舉手提問。

幾位老師幾乎是同步回答他的提問，猛點著頭笑著說：「是的，很吵。」

我接著補充：「班上規矩因為順應活動進行而做了許多調整，孩子們都清楚這點，而在一開始特別顯得躍躍欲試，不斷爬上爬下、搬完桌子可能換疊椅子，偶爾突發奇想要進行某項大工程時，共事的人一多，音量也跟著大起來了。不過大多數的情況下，只是一時激動的喧譁，音量不至於整天都爆表——應該說班上的氣氛變得更活潑熱絡了，因為孩子們之間的對話頻率提高，整體聲量也自然變

大。」

「這點跟我們之前所參考的研究資料的結論一致。在無玩具活動進行時，孩子們通常會花更多的時間在溝通和對話。」米拉老師在一旁補充。

「之前家長會的時候，我們有提到要如何讓孩子克服無聊時的壓力和焦躁感，」我特別提起之前討論過的議題，接著說，「經過這一個月後，我有了一些新的體悟。**若孩子會懂得主動找事情做而不感到無聊，這固然很好，但無聊既然是一種感受、一種情緒，或許就跟所有情緒一樣，除了疏通和轉移，也可以換個角度學習與它共處，而不是壓抑。**無聊不見得是一件壞事，孩子不必非要與它抗衡，練習無所事事也是種另類挑戰。」

「關於這點我很有感觸。」凱莎老師說：「在智慧型手機和平板電腦還未普及時，公車上或咖啡廳的人除了與同伴交談，也可以看著窗外的人群熙攘來去，就靜靜消磨了一下午。但現在人們拜科技所賜，卻似乎擁有得愈多，愈容易感到無聊。我們已經忘了怎麼跟自己獨處。

「孩子的適應能力之強，實在讓人佩服。我原本以為幾個大孩子很快就會抱怨沒有玩具，吵著要把玩具搬回來玩。沒想到孩子們告訴我說：『只是沒有了玩

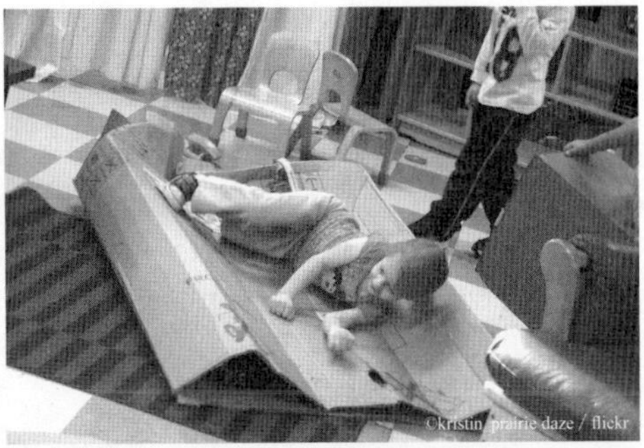

小小孩拿到素材後會先揉一揉捏一捏，
之後仔細端詳物品的外觀形狀，
並嘗試各種遊戲的可能。

在無玩具月期間，
或許因為少了玩具的性別刻板印象阻隔，
中大班的男孩、女孩比以前更常玩在一起！

具，遊戲還是可以照常進行啊！』有幾個玩累了的孩子躺在沙發區發呆，卻也沒聽到誰抱怨說好無聊，我因而察覺到：原來『無所事事的發呆』對大人和小孩來說，都是一種排解壓力的好方法，它卻隨著時代的日新月異被削弱。不過千萬可別小看孩子們發呆後儲存的能量，休息一下反而可以跑得更遠，不是嗎？」

成為孩子的燈塔，不過度干涉，但要讓孩子知道你一直都在

「請問一下，無玩具活動進行期間，老師和家長的角色有什麼不一樣的轉變嗎？」有家長提問道。

「好問題，」我點點頭說，「在這點上我們也有新的體會。」

我向家長說明：幼兒園的一天作息雖保有足夠的自由玩樂時間給孩子，一個禮拜有幾天仍安排了固定的學習活動，例如禮拜二的美術創作課、禮拜三早上的瑜伽課，和當月制定的主題教學。原則上老師們盡可能給予孩子學習上的自由，很少對活動參與或學習內容多加干涉，但課程中老師仍須扮演引導者的角色，在孩子有疑惑時提供必要的協助。然而，無玩具日的實施守則之一，是要求老師全

然退居幕後，當個低存在感的透明人，把空間和方向都全然交還給孩子們。

簡化了幼兒園的固定作息，讓孩子自主決定用餐和午睡的時段後，老師們一邊觀察記錄所見所聞，很快也開始利用時間寫教室日誌，或是處理一些教務檔案。沒多久，我和凱莎老師就察覺有些不對勁：因為孩子們不時跑過來問東問西，頻率之高簡直前所未見，似乎老師們愈刻意低調，孩子們愈不敢放手玩。

我們對此百思不得其解，於是我寫了一封電郵，請教之前參訪無玩具幼兒園的教務長，她以自身經驗告訴我幾個建議，其中我個人最認同且一舉奏效的是「燈塔理論」。

這位教務長告訴我：無玩具幼兒園最大的優點之一，在於讓孩子的自主性達到最大化，因此很多老師習慣在孩子們適應幼兒園作息後，就在自由玩樂時間處理必要的文書或是其他活動的事前準備。這原本無可厚非，但是如果老師們一不留意，久了就習慣把孩子的自由活動時間，當作額外的辦公作業時間。只在必要時進行協調或叮嚀，其實很容易造成師生之間的疏離感，也就很難能達到深度學習的目的。

她說：「老師的角色是如燈塔般的守護者，而不是維持秩序的交通警察。」這句話的意思是，**就算大人再低調、再透明，也要讓孩子感受到你的注視目光，而且這種注視並非只為了維持秩序，更重要的是和孩子達到情感上的同步。**只要花點時間好好地關注孩子，孩子就能帶著這股力量跨出去。

聽取建議後，我們幾位老師很快地做出調整，各自規畫出額外的文書作業時間，輪流進辦公室處理其他必要事項。而負責待在教室的老師，就全心全意在孩子一旁觀察陪伴，除此之外什麼也不做。所謂的「深度觀察」，就是要用心才能夠看清全貌。

這位教務長給我的建議，其實也有相關教育研究可以證實其論點。在二〇一六年，有一項突破性的教育心理研究，它指出孩子的注意力長短與環境、親子互動方式息息相關。美國印第安納大學專精於心理與腦科學的余辰（音譯，Chen Yu）和史密斯（Linda Smith）兩位教授，針對家長與孩子陪玩時候的行為表現，和幼兒專注力之間的關聯進行研究。他們發現，家長或主要照顧者在陪玩的時候若同時分心做其他事，他們的孩子會比較難以專注於玩耍。這種情況在一歲多左右的幼兒身上特別明顯，當他們的家長同時注視著幼兒手上正在玩的物體，不時與孩子互動，孩子玩的專注力也會變得更長。

「成為孩子在黑暗中的指引燈塔，讓孩子感受到你『人在心也在』。」最後，我以這句話作為這次分享會的結論。

讓孩子感受到我們在乎他們——不只是為了他們的好表現而驚呼喝采，必須用態度讓孩子知道，我們珍惜且享受與他們相處的時間。作為師長，就是在遠處守望著，將低調的光芒照拂在孩子身上。這道光是最溫暖的力量，讓孩子在茫茫大海中，勇敢啟航。